십자가로
돌아가라

THE ENIGMA OF THE CROSS
by Alister McGrath

Copyright ⓒ 1987 by Alister McGrath
First published in the English Language by Hodder and Stoughton Ltd.,
338 Euston Road, London, NW1 3BH England
All rights reserved.

Korean Edition published by Word of Life Press, Seoul 1998, 2007, 2014
Translated and published by permission.
Printed in Korea.

십자가로 돌아가라

ⓒ 생명의말씀사 1998, 2007, 2014

1998년 2월 10일 1판 1쇄 발행
2003년 12월 10일   3쇄 발행
2007년 4월 15일 2판 1쇄 발행
2011년 3월 25일   4쇄 발행
2014년 11월 1일 3판 1쇄 발행
2023년 8월 16일   4쇄 발행

펴낸이 ｜ 김창영
펴낸곳 ｜ 생명의말씀사

등록 ｜ 1962. 1. 10. No.300-1962-1
주소 ｜ 서울시 종로구 경희궁1길 6 (03176)
전화 ｜ 02)738-6555(본사) · 02)3159-7979(영업)
팩스 ｜ 02)739-3824(본사) · 080-022-8585(영업)

기획편집 ｜ 임선희
디자인 ｜ 조현진
인쇄 ｜ 주손디앤피
제본 ｜ 주손디앤피

ISBN 978-89-04-16481-3 (03230)

저작권자의 허락없이 이 책의 일부 또는 전체를
무단 복제, 전재, 발췌하면 저작권법에 의해 처벌을 받습니다.

십자가로
돌아가라

알리스터 맥그래스 지음 | 정옥배 옮김

생명의말씀사

목차

추천의 글　살아계신 하나님과의 만남, 십자가!　　　　　　　　　　· 06
시작하는 글　기독교 신앙의 정체성과 적실성　　　　　　　　　　· 10

1부　십자가의 중심성

1. 기독교의 기초, 십자가　　　　　　　　　　· 16
확신의 위기 | 십자가 이야기 | 바울의 '십자가 신학' | 공관복음에 나타난 십자가

2. 십자가의 불가피성　　　　　　　　　　· 43
기독교적 이해의 표준 | 십자가와 믿음 | 십자가와 기독교 신학

3. 십자가와 이 시대의 지혜　　　　　　　　　　· 68
학적 연구의 공정성 | 자유주의적 개신교와 십자가 | 자유주의적 개신교의 여파 | 기독교 신학과 기독교 예배 | 십자가로 돌아가라

2부 십자가의 적실성

4. 십자가에 대한 해석 · 96
십자가의 신비 | 진리와 십자가 | 교리의 진화? | 십자가와 성육신 |
십자가와 하나님의 사랑

5. 십자가에 달리시고 감춰지신 하나님 · 126
십자가의 겸손과 수치 | 하나님의 감춰진 계시 | 십자가에 달리신 하나님 |
'하나님'을 다시 배우기 | 고난 속에 감춰진 하나님

6. 십자가의 도 · 157
기독교의 어휘 | 기독교 선포의 능력과 생명력 | 십자가의 지혜 | 십자가의 도와 문화

7. 십자가 아래 사는 삶 · 187
십자가의 수치 | 십자가에 대한 믿음 | 이해와 순종 | 믿음과 경험 |
하나님의 부재에 대한 경험 | 십자가를 지는 것 | 십자가와 신자의 가치관

8. 교회와 십자가 · 219
교회의 사명 | 교회 안의 승리주의 | 교회와 문화 | 교회와 십자가

마치는 글 십자가로 돌아가라! · 242

추천의 글

살아계신 하나님과의 만남, 십자가!

기독교가 세상에 영향을 끼친 것은 산상수훈이 아니라 십자가 때문임을 기억해야 한다. 이 메시지는 유대인에게나 헬라인에게나 거슬리는 것이었다. 하지만 초대교회가 그것을 고수한 결과 그들은 자신들이 처한 이방적 환경보다 더 오래 살아남고 더 깊이 생각할 수 있었다.

사도행전과 바울 서신 도처에서 우리는 이 단순한 메시지가 지닌 강렬함을 만난다. 그리고 부활 이후 엠마오 도상에서, 예수님은 이 메시지가 모세와 선지자들을 통한 구약 전체를 하나로 결합시켰다고 설명하셨다. 필연적으로 그렇게 되어야 했다는 것이다. 제자들도 그 진리를 깨달았을 때 마음이 뜨거워졌다.

기독교에 이 진리를 회복시킨 사람은 후대의 한 제자다. 1,500년간 계속해서 세상의 권세와 연루되고 세속문화와 점점 더 동화되었던 교회를 향해 한 이름 없는 열정적 수도사가 자신이 '십자가 신학'이라고 부른 것을 다시 직면하고, 그 결과를 받아들이라고 말했다. 교회가 스스로 부과한 지성화된 스콜라 철학으로부터 해방될 수 있는 유익한 신학, 교회를 인간의 지혜로 세우는 것이 아니라 하나님의 권능 아래 세울 수 있는 유일한 신학은 십자가의 말씀이었다.

루터가 이에 대해 어떻게 반응했는지 아는 것이 중요하다. 그는 1517년 면죄부에 대해, 그리고 스콜라주의 신학에 반대하는 논문을 발표하여 큰 소동을 일으킨 후, 1518년 하이델베르크에서 3년마다 한 번씩 열리는 수도회 총회에 참석하여 동료 아우구스투스 수도사들에게 강연해달라는 요청을 받았다. 그리고 여기서 그는 경건한 사람들에게 강연하면서, 논쟁 없이 자신의 십자가 신학을 설명했다.

그는 출애굽기 33장에 기록된, 하나님이 모세와 대면한 사건의 의의와 의미를 이야기했다. 거기에서 모세는 자신의 사명에 하나님이 임재하심을 확신하게 해달라고, 적어도 하나님이 거기 계시다는 것을 알게 해달라고 구한다. 그것은 믿음을 달라는 간절한 부르짖음이었다. 그러나 하나님은 모세에게 그가 절대 하나님의 얼굴을 보지 못하고, 오직 하나님의 등만 볼 것이라고 말씀하신다. 그것이 모세가 가질 수 있는 유일한 확신이었다. 루터는 '하나님의 등'이 하나님의 부재, 하나님께 버림받는 것, 인생의 모순들로 인한 절망과 고뇌를 의미한다고 해석했다. 즉 십자가라는 것이다. 여기서 루터가 가르친 것이 패배, 슬픔, 고통, 굴욕, 고뇌, 실패, 죄, 사망 등에 관계없이 하나님이 존재하신다는 말이 아니라는 점을 깨닫는 것이 중요하다. 절대 그렇지 않다! 루터는 하나님이 패배, 슬픔, 고통, 굴욕, 고뇌, 실패, 죄, 사망 안에서, 그리고 그것들을 통해 우리와 몸소 대면하시고 하나님의 임재가 우리와 가까이 있게 하신다고 가르쳤다.

하나님은 인간의 마음속에서 실패, 죄, 사망 등의 '적합하지 않은' 원료를 하나님 자신의 특성을 지닌 것으로 바꾸어놓으신다. 즉 그분은 적합하지 않은 형식을 통해 자신을 계시하신다. 계시되는 것은 하나님의 등이다. 하지만 그것은 하나님이다. 다른 존재가 아니다. 이것을 배우는 것이 그리스도를 배우는 것이다. 이것을 깊이 아는 것, 십자가의 비밀을 그렇게 설명하는 것이 기독교 신앙의 원천과 샘을 이용하는 것이다.

이 책의 가치는 맥그래스 박사가 오랜 세월 교회가 겪어온 기형을 개혁하려 했던 루터의 입장이 옳다는 것을 나타내는 것뿐만이 아니다. 맥그래스 박사는 이것이 신자 개인의 믿음과 시대를 막론하고 계속적으로 개혁이 필요한 교회의 행보에 의미하는 바를 나타내는 결정적인 걸음을 내디뎠다. 그는 현대 신학계뿐 아니라 예리한 과학적 분석으로 현대의 학문적 사고에 결정적으로 기여한다. 즉 기독교 신앙이 인식과 개념에 대한 것이 아니라 살아계신 하나님과의 만남, 예수 그리스도의 죽으심과 부활을 통해 일어나는 만남이라는 것이다. 이 땅에서 우리는 십자가를 만나고, 마지막 날에는 부활을 경험한다. 지금은 하나님의 등을, 그때는 하나님의 얼굴을 보게 되는 것이다. 다시 말해 우리가 개념들을 다루는 것이 아니라, 한 인격적 존재가 우리를 다루고 계신다.

이 책은 하나님에 대한 믿음을 잃어버린 세상에, 다시 한 번 믿음을 갖기를 간절히 바라는 성직자와 평신도에게, 하나님의 부재로 인한 아픔만 알 뿐 하나님의 임재는 전혀 모르는 사람들에게 많은 것을 제공한다. 절대 주제넘게 강요하지 않는 건전한 지식에 기초하고, 확고한 신앙과 교회에 대한 사랑으로 불타오르는 진지한 논증이 우리의 지성을 조명하고 영혼을 새롭게 한다.

또한 이 책은 오늘날의 교회에 시의적절할 뿐 아니라 심지어 예언적인 말씀, 그리고 믿음이 거의, 혹은 전혀 없지만 인생의 수수께끼에 대해 어느 정도 해답을 추구하는 사람들에게 힘을 주는 말씀을 제공한다. 특별히 사순절 기간에 공부하기에 아주 좋은 교재가 될 것이다. 믿음을 강화하고 소망을 회복시켜줄 것이 분명하기 때문이다. 이 책을 열렬히 추천하며, 루터의 『하이델베르크 반박문』(Heidelberg Disputation) (1518)에 나오는 다음의 글을 전한다.

십자가는 소망이 없을 때에도 소망을 믿도록 가르친다. 십자가의 지혜는 심오한 신비에 깊이 감춰져 있다. 그리고 그리스도의 십자가를 지는 것 외에 하늘나라로 갈 수 있는 다른 길은 없다. 때문에 우리는 선을 행하는 활동적인 삶, 사색에 몰두하는 명상적인 삶이 우리를 잘못된 방향으로 인도하지 않도록 유의해야 한다. 둘 다 매력적이고 마음의 평화를 준다. 하지만 그것을 십자가로 진정시키고 바로 그런 이유들로 반대자들의 방해를 받지 않는다면, 그 두 가지의 실질적인 위험에서 벗어날 수 있다. 십자가는 모든 길 중 가장 확실한 길이다. 이 진리를 아는 사람은 복이 있다.

제임스 앳킨슨
(종교개혁 연구 센터 소장, 쉐필드 대학 교수)

시작하는 글

기독교 신앙의 정체성과 적실성

"그림이 우리를 사로잡았다." 오스트리아의 철학자 루드비히 비트겐슈타인은 우리가 생각하고 세상을 이해하는 방식에서 상징이 갖는 놀라운 힘에 대하여 이렇게 썼다. 그렇다. 세상에 대한 우리의 이해는 삶의 신비를 여는 열쇠처럼 보이는 '그림들'을 중심으로 한다.

기독교 신앙 한가운데에도 그림이 하나 있다. 기독교 미술과 건축, 문학과 음악은 '십자가'라는 상징의 지배를 받는다. 상징은 우리의 사고와 성찰을 유발하며 그것을 요구하기도 한다. 그렇다면 우리는 이 상징을 어떻게 해야 하는가? 그것은 하나님과 세상에 대해, 그리고 우리의 본성과 궁극적 운명에 대해 무엇을 말해주는가? 왜 사랑 많으신 하나님에 대한 믿음 한가운데에 죽음과 절망의 상징-십자가 처형으로 죽어가는 한 남자의 무시무시한 그림-이 있는가?

십자가는 정말로 신비하고도 이해하기 어렵다. 하지만 그것은 인간 실존의 무의미함에 절망하는 사람들, 세상에서 갈 길을 잃은 사람들, 세상의 염려와 근심에 짓눌린 사람들을 위한 의미로 가득 차 있다. 또한 십자가는 교회가 자기만족에 빠져 안심하는 것에 대한 강력한 도전이다. 십자가는 끊임없이 교회에 질문한다. 교회는 십자가에 달리시고 다시 살아나신 분을 따라 감히 스스로를 '그리스도인들'이라 부르지만, 실상은 십자가에 달리신 그리스도보다 다른 곳에서 자신들의 정체성과 적실성의 근거를 찾는 것을 더 좋아하는 듯하다.

이 책은 기독교 신앙의 핵심에 있는 중대한 진리를 전개하고, 그것이 교회에 의미하는 바를 나타내려 한다. 이 책은 두 부분으로 나뉜다. 첫 번째 부분은 십자가가 기독교의 중심이 된다는 사실을 확증하는 것과 관련이 있다. 이 부분에서는 십자가를 기독교 신앙에서 제거하기는 커녕, 주변적인 것으로도 밀어놓을 수 없다는 것을 보여줄 것이다. 기독교의 정체성과 적실성 모두 십자가에 달리신 그리스도와 불가분 결합되어 있기 때문이다. 두 번째 부분은 우리가 십자가에 달리신 그리스도 안에서 대면하게 되는 신비의 의미를 탐구한다. 십자가는 기독교 신앙의 한 작은 부분―그리스도가 우리를 어떻게 구속하셨는가(구원론)―으로 격하되는 경우가 많지만, 실제로는 기독교 신앙의 모든 측면에 지울 수 없고 결정적인 인상을 새겨놓는다.

십자가는 하나님과 우리 자신, 그리고 세상에 대해 무엇을 의미하는가? 십자가는 우리가 그리스도인으로 살아가면서 만나게 되는 의심과 염려, 모순에 어떻게 해결의 실마리를 던져주는가? 십자가는 우리가 교리나 윤리, 혹은 영성의 문제들과 씨름할 때 어떻게 도와주는가? 이 모든 질문에 대해 십자가의 신비는 기독교적인 접근법을 손에 넣을 수 있는 참된 열쇠를 제공한다.

몇 년 전 나는 마틴 루터의 유명한 '십자가 신학'의 기원을 다루는 책을 한 권 썼다. 루터가 발전시킨 그 개념이 새로운 것은 아니었지만, 그의 천재성은 그것들을 한데 합쳐 기독교의 정체성과 적실성에 대해 이제까지 알려진 가장 강력하고 급진적인 이해 중 하나를 만들어냈다. 솜씨 좋은 대장장이가 철 한 덩이로 양날 가진 검을 만들어내듯이, 루터는 기존의 개념들을 가지고 교회가 세상에 맞설 수 있는, 개혁하고 새롭게 하는 신학을 만들었다. 그는 오랜 세월 동안의 신학적 번민을 통해 힘겹게 손에 넣은 통찰들을 한데 모아, 그것을 '십자가 신학'이라는 하나의 무기로 만들었다. 그 책을 쓸 때 나는 루터가 발전시킨 개념들이 지닌 놀라운 힘과 적실성을 점점 더 인식하게 되었으며, 기회가 된다면 그 개념들을 우리 시대의 적절한 형태로 한번 제시해봐야겠다고 생각했다.

루터의 '십자가 신학'은 그것이 생겨난 이후 사백 년 동안 사실상 무시되었다. 그러나 최근 하나님 나라에서 역사하는 방식을 이해할 수 있는 이 흥미진진한 도전적 수단이 앞으로 기독교의 정체성과 적실성을 회복하는 기초가 되리라는 깨달음이 커졌다. 종종 어떤 세대의 그리스도인들은 이전 세대에서 쓸모없는 것으로 무시되거나 간과했던 기독교 신앙의 또 다른 측면을 재발견한다. '십자가 신학'이 바로 이러한 동향을 보여주는 듯하다. 즉 한 세대가 잊어버리거나 간과했던 것을 다른 세대가 감사함으로 재발견하고 자신의 것으로 삼는 것이다.

"십자가는 모든 것을 시험대에 올려놓는다." 루터에게는 하나님에 대한 기독교적 사고가 십자가 밑에서 멈추었다. 십자가, 그리고 십자가에 달리신 그리스도의 존재가 우리로 하여금 중대한 결심을 하지 않을 수 없게 한다. 그것은 바로 '우리는 어디에서 하나님을 찾을 것인가?' 그리고 '십자가와 십자가에 달리신 그리스도를 하나님에 대한 우리 생각의 기초로 삼을 것인가?' 하는 문제다.

십자가는 하나님에 대한 많은 생각이 막다른 길로 이르게 하며, '하나님이시며 우리 주 예수 그리스도의 아버지' 이신 분을 기독교적으로 이해하는 길을 열어준다. 그것은 신자와 교회의 행보이고 믿음의 기초이자 기준이다. 또한 십자가는 하나의 수수께끼, 하나의 신비를 제시한다. 그리고 그 수수께끼의 답은 하나님의 성품과 목적, 인간의 성품과 운명에 대한 기독교적 이해의 열쇠를 쥐고 있다. 이와 같이 십자가는 중대한 신비다. 기독교 신앙의 정체성과 적실성이 궁극적으로 그것과 밀접한 관련이 있으며, 그것으로부터 분리될 수 없기 때문이다. 그리고 이제 우리는 그 신비와 씨름을 하려 한다.

이 책을 읽어주고 귀한 논평을 해준 제임스 앳킨슨, 폴 아비스, 리처드 보캄, 토니 클라크, 앤드류 하더 윌리엄스, 나이젤 테일러에게 고마움을 전한다. 특히 추천사를 써주신 앳킨슨 교수에게 감사드린다.

1부

십자가의
중 심 성

1
기독교의 기초, 십자가

> 하나님,
> 내가 사랑하고 예배하는 하나님이 슬픔으로 다스리신다.
> 나무 위에서 깨어지고 피 흘리시는,
> 하지만 정복당하지 않으신,
> 하나님 중의 하나님.
> - 스튜더트 케네디 -

흔히들 역사는 뒤집을 수 없으며, 이미 일어난 일도 원상태로 돌이킬 수 없다고 말한다.

기독교 신앙이 예수 그리스도의 십자가 죽음과 부활에 의해 창조되고, 발생되고, 형성되었다는 것 역시 역사의 일부다. 그것은 역사의 통제를 넘어서는 사건들이며, 그 사건들 속의 함축이 드러날 때 역사는 그것에 대해 점차 더 경이와 놀라움을 보일 수밖에 없다. 그 사건을 들여다보면 하나님이 스스로를 낮추사, 자신이 지은 피조물의 비극적 역사에 개입하시고 구속하시는 것으로 보인다. 즉 반응을 요구하는 것은 바로 하나님의 행동이었다.

예수 그리스도의 십자가 죽음과 부활에는 '주어진' 것, 즉 우리가 어떻게 할 수 없는 뭔가가 있다. 따라서 우리는 그것을 받아들이고, 그것에 반응하고, 그것이 하나님과 세상에 대한 우리의 이해에 기여하는 바를 생각해낼 수 있다. 아니면 그것을 거부하고, 그러한 이해의 기초를 다른 것에 둘 수도 있다. 하지만 전자만이 진정한 기독교적 접근이라고 주장할 수 있을 것이다.

본서에서 거듭 강조하겠지만, '기독교적'이라는 말은 자신이 택한 어떤 근거에 기초해서 하나님에 대한 모종의 진술을 하려는 사람들을 위한 것이 아니다. 즉 하나님에 대한 진정한 기독교적 진술은 십자가에 달리고 부활하신 그리스도께 기초를 둔다.

때문에 기독교 신학은 개념들과의 씨름이 아니라 살아계신 하나님과의 씨름이 되어야 한다. 학문적 신학자는 개념과 인식이 관련된 방식과 씨름하려다가 칼 바르트가 말하는 "개념들의 우상숭배"라는 덫에 빠지게 될 위험이 있다. 물론 기독교 신앙이 개념과 인식을 발생시키지만 개념이나 인식이 우선적이지는 않다. 기독교 신앙의 핵심에는 어떤 개념이나 인식이 아니라 인간의 역사 속에서 일어난 한 사건이 자리하고 있다. 그러므로 신학자는 역사로부터 그의 개인적인 개념의 세계로 물러나 문을 닫아버리면 안 된다. 어떤 일이 일어났고, 그것은 개념의 세계가 아닌 인간 역사의 세계에서 발생했기 때문이다. 그 역사적 사건에서 어떤 사람들은 살아계신 하나님이 자신에게 말씀하시는 것을 인식했다. 하나님은 분명 그들에게 말씀하셨고 그들을 하나님에 대한 믿음으로 부르셨다.

또한 기독교 신앙은 하나님이 과연 십자가에 달리신 그리스도와 동일한 분이시고 그와 연루되었는가에 따라 운명이 결정된다. 십자가는 기독교에서 너무도 핵심적인 부분이므로, 하나님이 그 안에 계시되지 않고 거기 연루되지 않으신다면 기독교 신앙은 망상으로 여겨져야 한다. 심오하고 깊은 만족을 주지만 어쨌거나 망상인 것이다.

신약이 '하나님'에 대해 말할 때는 알려지지 않은 개념을 염두에 두는 것이 아니다. 그것은 우리의 주의와 집중력을 어느 한 시점, 역사의 한 순간으로 향하게 한다. 처음부터 끝까지 신약은 우리가 십자가에 죽으셨고 다시 살아나신 그리스도를 향하게 한다. 여기에는 토론 모임이나 세미나실에서 이야기할 수 있는 어떤 개념이나 인식이 없다. 십자가에 달리신 그리스도 안에서 우리가 받아들이거나 거부하도록 자신을 내어주시는 살아계신 하나님이 계실 뿐이다.

그러므로 어떤 것이 기독교적이고 어떤 것이 아닌가를 판단하는 기준은 예수 그리스도의 십자가다. 십자가는 인간의 실존과 경험을 보는, 특별히 다른 모든 관점과 기독교적인 방식을 구분해주는 중대한 수수께끼다.

다른 관점이 존재하지 않는다는 말도 아니고, 심지어 그 관점들이 잘못되었다는 것도 아니다. 단지 어떤 신학적 진술이 기독교적인가를 결정하는 판단 기준이 십자가에 달리신 그리스도로 주어진다는 말이다. 즉 그리스도의 십자가는 기독교 신앙을 위한 판단 기준이다. 기독교는 그 십자가에 기초하며 그것에 의해 판단을 받는다. 간단히 말해 십자가는 기독교 신앙의 토대이며 기준이다. 기독교 신학, 기독교 예배, 기독교 윤리는 본질적으로 삶의 모든 영역에서 십자가에 달리신 그리스도가 지닌 의미와 함축들을 탐구하고 개발하려는 것과 다르지 않다.

또한 기독교는 우리 삶의 어느 작은 측면에만 관심을 갖고 나머지 부분에는 아무 영향을 끼치지 않는 것이 아니다. 그것은 우리의 존재 전체, 그리고 우리가 생각하는 방식과 행동하는 방식을 십자가에 달리시고 다시 살아나신 그리스도 안에서 우리에게 주어진 모범에 일치시키는 것이다. 따라서 십자가는 그저 '사적인', 혹은 '내면화된' 종교의 기초가 아니라, 윤리와 정치에 대한 급진적이고도 진정한 기독교적 접근법에 이르는 길을 열어준다.

확신의 위기

서구 사회, 특히 유럽과 북미에서 교회는 이중적인 확신의 위기를 겪고 있는 듯하다. 많은 사람이 현대 사회에 기독교 복음이 필요하다는 확신을 잃어버렸으며, 기독교보다 더 적절하다고 생각되는 사회사업 및 다른 활동 영역에서 위안을 찾았다.

또 일부는 기독교가 사회적 논쟁에 독특한 기여를 했다는 것을 깨닫고 '주택 보조금의 신학'과 같은 문제에 대한 학문적 글을 발표하여 복음의 적실성을 보여주려 했다. 그리고 그들의 신학적 혼란과 모순을 통해 오늘날 그리스도인들이 직면하고 있는 두 번째 중요한 통찰을 드러내주었다. 그것은 바로 그들이 기독교 신앙의 특정한 정체성에 대한 실질적인 이해가 전혀 없다는 것이다. 때문에 그들은 특이하게도 자신들이 논하기 원했던 문제들에 대해 기독교적인 어떤 통찰도 제시하지 못했다.

기독교가 현대 사회에 필요한 독특하고 결정적인 통찰을 갖고 있느냐의 문제는 기독교가 정말로 무엇인지에 대한 모종의 합의를 전제로 한다. 심지어 자유로운 서구식 민주주의에서도 기독교가 더 이상 자유로운 태도(현대적인 것이든 고전적인 것이든)와 동일시될 수 없으며, 훨씬 더 깊은 것—심지어 그들이 살고 있는 사회의 가치관과 충돌할 수도 있는 것—과 관련되어 있다는 인식이 점차 더 커지고 있다.

현대 사회에서의 기독교의 적실성은 기독교 자체의 근본적 성질과 긴밀하게 연결되어 있다. 자신의 정체성과 목적에 대한 분명한 의식이 없으면 기독교는 세상 속에서 아무런 적실성을 갖지 못한다. 마찬가지로 세상에 대한 기독교의 적실성에 대한 인식은 기독교 신앙 및 기독교 신학에 해결의 실마리를 던져준다. 그래서 마틴 켈러는 선교를 "신학의 어머니"라고 말했다. 다시 말해 삶에 관한 다른 사고방식들(세속적인 것이든 종교적인 것이든)에 직면하여 기독교를 선포하고 변호하는 것은 기독교 자체와 기독교에 대한 특정 해석의 적실성에 중요한 통찰을 준다. 이해를 돕기 위해 한 가지 예를 들겠다.

독일계 미국인 신학자 폴 틸리히는 기독교에 대한 한 가지 접근법을 개발했는데, 거기에는 전통적으로 이해된 '인격적 하나님'이라는 개념을 사실상 제거하는 것이 포함되었다. 그래서 '하나님과의 인격적 관계'라든가 기도와 예배 등—대부분의 그리스도인들이 자신의 신앙에 대해 생각하고 그 신앙을 실천하는 방식에서 필수로 여기는 부분-을 이해하기 불가능하게(혹은 매우 어렵게) 만들었다.

그런데 틸리히의 제자인 어느 미국인 신학자가 일정 기간 우간다에서 지내게 되었고, 어느 날 마을 광장에 나갔다고 한다. 그가 신학자라는 것을 안 마을 사람 하나가 마을 주민 전체를 불러놓고 그가 '예수 그리스도에 대한 모든 것'을 말해줄 것이라고 했다. 그들이 잔뜩 기대하면서 기다리자 그 미국인 신학자는 무슨 말을 해야 할지 몰랐다. 훗날 그는 자신의 경험을 이렇게 되새겼다. "틸리히의 가르침이 거기에서는 아무 소용이 없다는 것을 깨달았습니다."

역사적으로 '선교가 신학의 어머니'라는 것은 분명한 사실이다. 모든 기독교 신학은 아닐지라도 분명 많은 신학의 어머니다. 초대교회가 지중해 지역에 폭발적으로 증가하기 시작한 1-2세기에 교회는 그 지역에 이미 자리를 잡고 있던 유대인들과 헬라인들의 종교적 신념에서 비롯된 반대에 맞서 스스로를 변호하지 않을 수 없었다. 때문에 초대 그리스도인들은 그들의 믿음과 그들이 만난 사람들의 믿음의 차이가 무엇인지 생각했고, 자신들이 믿는 것이 정확하게 무엇인지 명료하게 정리할 수밖에 없었다.

그들은 자신들이 선포한 것의 적실성에 대해서 의심하지 않았다. 그들이 만난 어려움은 자신들이 처한 새로운 상황 속에서 그것의 정체성을 보존하는 것이었다. 기독교의 적실성이 그 정체성을 유지하는 데 달려있다는 것을 깨닫고, 그들은 그들의 믿음과 주위 사람들의 믿음을 구분하는 데 모든 노력을 기울였다.

이것은 처음 두 세기 동안에만 해당된 것이 아니다. 인도와 아프리카에서 이루어진 기독교 선교의 역사는 18세기, 19세기, 20세기에도 똑같은 원리가 적용되었음을 보여준다. 즉 기독교의 적실성은 그 정체성을 유지하는 것에 달려있다. 시인 엘리엇도 다음과 같은 시를 통해 비슷한 말을 했다.

우리는 경험했지만, 그 의미를 이해하지 못했다.
그러나 의미에 접근하자 경험이 되살아났다.
— '드라이 샐비지스' (Dry Salvages)

기독교가 진정한 가능성이라고 선포한 경험은 기독교의 의미에 대한 질문과 관련이 있으며, 그 둘은 불가분의 관계다. 초대교회 교부들이 교리에 깊이 관여하게 된 주된 이유 중 하나는 그들이 자신들의 세대와 그 후에 이어지는 수없이 많은 세대에서 몇몇 중대한 통찰, 너무나 쉽게 잊혀진 그 통찰들을 보존하는 데 기독교의 적실성이 달려있다는 것을 깨달았기 때문이다.

경험과 의미, 그리고 적실성과 정체성은 상호 의존한다. 따라서 적실성의 위기와 정체성의 위기는 서로 연관이 있다. 심지어 그 두 가지는 서로 다른 관점에서 본 같은 것이라고 말할 수도 있다. 전자는 외적 위기, 곧 외부 사람들이 기독교를 보는 방식이고, 후자는 내적 위기, 즉 내부 사람들이 기독교를 보는 방식이다.

그리고 이 위기들의 해결책은 예수님의 십자가 죽음과 부활에서 기독교의 정체성을 회복하는 것이다. 기독교 신앙과 기독교 신학의 독특하고 특징적인 것, 다시 말해 기독교의 정체성과 적실성을 동시에 부여해주는 것은 그리스도의 십자가다. 예수 그리스도의 죽음과 부활은 명확하게 존재에 대한 기독교적 견해의 시작을 알린다. 더불어 그것은 교리와 윤리와 영성 문제를 포괄하고, 그것이 지닌 적절함을 사람들에게 지속적으로 보장해준다.

인간이 언젠가는 죽는다는 사실을 알고 인간의 본성과 불가사의한 운명에 대한 열쇠를 찾으면서 이 세상을 살아가는 한, 기독교는 계속해서 중대한 수수께끼를 제공할 것이다. 그 수수께끼를 풀면 인간의 상황을 해결할 수 있는 실마리를 찾게 되고 소망이 생기게 된다. 이 중심적 특징이 지닌 적실성과 진실성에 대한 확신을 잃어버린 서구 교회는 자신이 처한 적실성의 위기 앞에서 다른 해결책을 찾아보려 했지만, 결국 그런 해결책이 없다는 것을 발견할 뿐이었다. 그러므로 이제는 교회가 그것의 독특한 통찰을 회복하여, 십자가에 달리신 그리스도가 오랫동안 이방인으로 계셨던 교회에 발을 들여놓으시도록 해야 할 것이다.

십자가는 신앙의 주요한 사건으로서나 기독교 미술과 건축, 찬송과 예배 의식에 나타난 동일한 믿음의 상징적 표현으로서나 기독교 전통의 모든 분야에 깊이 새겨져 있다. 이제는 기독교가 오랫동안 은밀하게 사로잡혀 있던 사회적·문화적 감옥에서 벗어나 신앙의 원초적 사건으로 돌아갈 때다. 그 안에서 해방시키고 급진적이고 비판적인 신앙, 즉 서구 사회의 많은 곳에서 '기독교'로 통용되는 자유주의 문화적 가치관을 무미건조하게 찬성하는 것을 넘어서는, 활력으로 가득 찬 신앙을 발견하기 위해서다.

"근본으로 돌아가라"는 말은 16세기 인문학자들이나 종교개혁가들이 외치던 표어였다. 그러므로 우리는 그 말에 주의를 기울여 기독교 신앙의 근본으로 돌아가고, 그것을 우리 것으로 삼아야 할 것이다. 그 근본이란 바로 예수 그리스도의 십자가다. 이 책 나머지 부분에서 우리는 다음과 같은 괴테의 말을 합당한 진지함으로 받아들이면서 어떻게 이 일을 할 수 있는지, 그리고 그것이 우리를 어디로 이끌 것인지 살펴볼 것이다.

당신이 유업으로 받은 것을 사용하기 위하여,
이제 당신 자신의 것으로 만들라!

십자가 이야기

우리는 역사가 이야기를 전한다는 말을 점점 더 많이, 더 자주 듣는다. 기독교 역시 하나의 이야기다. 즉 창조와 구속에 대해, 그리고 하나님이 그분의 세상에 임재하시며 활동하시는 신비한 방식에 대해 말하는 길고도 복잡한 이야기다. 이 이야기는 몇 군데에서 엄청난 극적 호소력을 지닌다. 예를 들면 이스라엘 자손이 애굽의 속박에서 벗어나 하나님의 인도하심을 따라 약속의 땅으로 가는 순례여행을 시작할 때 같은 경우다. 그것은 신실하신 하나님과 그 하나님이 만드신 그분의 백성의 이야기다. 그리고 세례요한이 등장하여 곧 자기보다 더 크신 분이 오신다고 선포하면서, 그렇게 예수 그리스도의 사역이 시작되면서 더욱 빠르게 가속화되는 이야기다.

그 위대한 이야기, 세상에서 결코 들어본 적 없는 가장 위대한 이야기의 중심과 초점에는 예수 그리스도의 십자가 죽음과 부활이 있다. 그때까지 그 이야기는 분명하지 않고 심지어 무의미하기까지 했지만 그 순간 이후로 새로운 활기와 적실성을 지닌다. 그것은 십자가에 달렸고, 하나님께 거부당하고 버림받은 것 같았으며, 자신의 백성에게 처형당했고, 가장 가까웠던 사람들조차 그가 죽었다고 체념했던 사람의 이야기다. 또한 죽은 자 가운데서 살아나 그를 아는 사람들이 알아보았으며, 그가 살아있는 동안 전혀 그를 알지 못했던 사람들에게 인정받은 사람의 이야기다.

십자가에 달렸고 다시 살아난 사람의 그 이야기가 신약의 많은 부분에서 기초가 된다. 즉 어떤 부분에서는 명확하게 이야기하고, 어떤 부분에서는 암시적으로 나타난다.

이 이야기는 고금을 막론하고 기독교 교회 예배의 핵심이었다. 그리스도인들끼리도 어떤 사람들은 '성체성사'(Holy Communion), 어떤 사람들은 '성찬식'(the Eucharist), 또 어떤 사람들은 '미사'(the Mass)라고 부르는 예배 형태에 서로 합의하지 못했지만, 그 모든 예배가 예수 그리스도의 죽으심과 부활을 기념하고 재연하고 상기시킨다는 것, 그리고 이러한 것들이 예수를 믿는 사람들에게 유익을 준다는 점에는 보편적으로 의견이 일치했다. 그리스도인들은 예수 그리스도를 과거에 죽은 랍비로 존경하는 것이 아니라 지금도 살아계시고, 부활하신 주님으로 경배한다.

성경의 이야기들은 우리 인간의 경험과 실존을 조명하고 변혁시킨다. 가장 잘 알려진 이야기 중 하나는 하나님의 역사로 이스라엘 자손이 애굽의 종살이에서 해방된 이야기다.

시대마다 그 시대의 애굽, 즉 억압하는 세력이 있다. 모든 시대마다 자유로워지기를 간절히 바라는 이스라엘 자손도 있다. 미국 최남단의 흑인 노예들과 그들의 후예들은 민권 운동 당시 이 이야기를 자신들에게 적용했다. 그들이 바로 이스라엘이었고, 속박 가운데 있었고, 자유를 소망했다. 그 이야기는 불평등에 맞서서 보다 힘 있는 억압자로부터 해방된 것에 대해 말한다. 필사적이고, 절망적이고, 무력한 상황 한 가운데 있는 소망이었다. 또한 그것은 구속과 해방에 대한 믿음, 그리고 그 목표를 향해 노력하려는 결심을 불러일으켰다. 마틴 루터 킹이 그의 유명한 설교 '해변에서의 악의 죽음'(The Death of Evil upon the Seashore)에서 말했듯이 "그런 믿음이 없으면 사람의 가장 숭고한 꿈들은 소리 없이 산산이 사라져버릴 것이다."

그 이야기 안에는 인간이 곤경에 빠졌을 때의 특징적인 상황이 있어 호소력을 지닌다. 거듭 말하지만 시대마다 애굽과 이스라엘 백성, 즉 억압자들과 억압받는 자들이 있다. 모든 시대가 속박된 자들이 품고 있는 해방에 대한 소망을 볼 것이다. 그들은 자신들의 상황이 출애굽 이야기에 반영되고 조명되는 것을 볼 것이며, 그렇게 함으로써 통찰과 소망을 얻을 것이다.

예수님의 십자가 죽음과 부활의 이야기도 마찬가지다. 그것은 출애굽 이야기에서 이미 발견된 주제들을 취하여 발전시킨다. 마치 위대한 소설이나 교향곡들이 처음에 표현한 주제를 가지고 점차 그 주제를 발전시키는 것과 같다. 그것은 복음을 통해 생명을 얻는 이야기, 약해 보이지만 그 안에서 강함이 나타나는 이야기, 전적인 절망에 직면하는 소망의 이야기다. 또 그것은 우리의 마지막이자 가장 큰 원수, 곧 죽을 수밖에 없는 우리의 운명과 미래의 죽음이 정복되고 무장해제되는 이야기다. 출애굽 이야기에 우리 자신의 상황이 반영되어 있는 것을 볼 수 있는 것처럼, 우리는 예수 그리스도의 십자가 죽음과 부활에서도 우리 자신의 상황을 본다.

우리가 곧 탐구하게 될 주제들을 몇 가지 살펴보면 우리 자신의 은밀한 의심들과 명백한 실패, 죽음에 대한 두려움, 절망감과 무력감 등이다. 그러나 이 모든 것은 십자가에서 죽으신 그리스도에 의해 조명되고, 해석되고, 변혁된다. 때문에 그 이야기는 강력한 실존적 의의를 지닌다.

어떤 사실, 혹은 사건의 실존적 의의를 깨닫는 것은 엄청난 충격이 될 수 있다. 나는 하나의 일반적 진리, 예를 들어 '모든 사람은 반드시 죽는다'는 진리에서 내가 반드시 죽는다는 특정한 진리를 추론하게 되었을 때와 그로 인해 느끼게 된 두려움을 기억한다. 이것은 나를 제외한 모든 사람에게 영향을 끼치는 것처럼 가장할 수 있는 진리, 혹은 내가 완전히 못 본 체 넘어갈 수 있는 진리가 아니었다. 때로는 그 진리를 무시하는 것이 편리하지만 내가 죽음을 피할 수 없는 존재라는 이 단순하고도 당혹스러운 사실은 내가 반드시 받아들여야 할 사실이었다. 그리고 그때부터 나는 일반적이고 생물학적인 견지에서 죽음을 이야기하는 것이 아니라 나의 인격적이고 개인적인 실존이 종결되는 측면에서 죽음을 이야기하게 되었다.

나의 필멸성에 대한 이 깨달음은 이와 같이 실존적 의의를 지니게 되었다고 말할 수 있을 것이다. 다시 말해 나는 그것이 나 자신과 세상을 이해하는 방식과 관련되었으며, 나에게 몇 가지 어려운 질문을 제기한다는 것을 깨달았다.

십자가에 달리신 그리스도도 마찬가지다. 그리스도는 인간 상황에 대한 실존적 의의로 가득 차 있다. 십자가의 죽음과 부활의 이야기, 죽음을 통한 생명의 이야기, 상실을 통한 회복의 이야기는 슬픔, 상실, 절망, 삶의 의미에 대한 염려와 같은 인간의 경험과 많은 접촉점을 가진다. 어떤 시점에서 우리는 이 이야기가 우리에게 적용된다는 것을 깨닫는다. 바울이 말하듯, 그리스도와 함께 십자가에 못 박히고 다시 살리심을 받은 것이 우리라는 것이다(갈 2:20; 6:14).

'궁극적인 문제들', 즉 인생의 의미, 죽음과 사별의 위협, 절망적인 것처럼 보이는 인간의 상황 등은 하나님이 우리를 다루시는 이야기에 근거를 두고 있다. 그리고 그 이야기는 십자가에 달리시고 부활하신 그리스도에게서 정점에 이르고 그것에 초점을 맞춘다. 첫 번째 성금요일과 부활절 사건은 그것을 통해 하나님과 우리 자신과 세상을 배우는 동시에 우리 자신이 다른 사람들에게 판단된다는 것을 보게 하는 렌즈와도 같다. 십자가는 이러한 주요 관심사에 초점을 맞추면서, 우리가 그러한 것들을 특정한 빛에 비추고 특정한 측면에서 평가하게 한다. 그리스도인의 통찰이 독특한 것은 단지 이 통찰들의 본질 자체뿐 아니라 그런 통찰들을 이끌어내는 방식 때문이기도 하다. 즉 그리스도인에게는 "십자가만이 우리의 신학이다"(루터).

이야기는 해석되어야 하며, 이야기를 해석하는 가장 쉬운 방법은 그 이야기를 다른 형태로 바꾸어 말하는 것이다. 이야기를 바꾸어 말한다는 것은 중요하지 않은 부분은 빼고, 중요한 것은 강조하는 것을 의미한다. 그리고 하나님이 우리를 다루시는 이야기를 바꾸어 말할 때, 기독교 전통은 항상 예수 그리스도의 죽음과 부활을 전체의 이야기를 푸는 열쇠로 본다.

사실상 십자가의 죽음과 부활 없이는 기독교의 이야기가 도저히 전개될 수 없다. 바울이 기독교 신앙을 간결하게 요약한 것을 보면, 십자가의 죽음과 부활이 중심이라는 것을 알 수 있다. "내가 받은 것을 먼저 너희에게 전하였노니 이는 성경대로 그리스도께서 우리 죄를 위하여 죽으시고 장사 지낸 바 되셨다가 성경대로 사흘 만에 다시 살아나사"(고전 15:3-4).

이 점을 더 분명하게 하기 위해 그리스도인들이 예배하는 방식을 살펴보자.

많은 그리스도인들(루터교도, 성공회교도, 감리교도, 로마 가톨릭교도 등)이 회중 예배에서 정해진 유형의 말을 사용한다. 그리고 이 정해진 유형의 말은 초기의 기독교 전통에서 사용되던 형태에 기초하며, 기독교의 본질과 정체성에 대한 초기의 인증된 통찰들을 구체화한다. '성찬 의식'(성찬예배에 사용되는 말의 형태)의 경우, 우리는 기독교의 이야기 전체가 몇 문장으로 요약되는 것을 보게 된다. 그것은 정말로 중요한 것을 표현하고 덜 중요한 문제들로 인해 주의가 산만해지는 것을 막는다. 그리고 그 이야기에서 가장 중대한 요소는 바로 예수 그리스도의 죽음과 부활이다.

사람들은 종종 『맥베스』(Macbeth)와 같은 셰익스피어의 연극이 권위 있게 공연되는 것에 대해 이야기한다. 혹은 특정 지휘자가 지휘하는 모차르트 교향곡의 권위를 말한다. 이것이 무슨 의미인가? 그 말은 그 연극이나 교향곡 연주가 다른 어느 누구도 하지 못할 만큼, 그리고 다른 연극이나 연주가 완전히 빛을 잃을 만큼, 그것의 완전한 의미를 끌어낸다는 의미다.

우리는 어떤 연극이나 교향곡이 최상으로 공연되는 것을 보거나 그것의 특성을 최대한으로 음미하기 원할 때 권위 있는 공연을 찾는다. 예를 들어 권위 있는 '맥베스' 공연은 등장인물들에 대해 다른 공연에서는 얻지 못했을 통찰을 얻게 해준다. 권위 있는 공연은 그 작품의 중심적인 것과 본질적인 것을 주변적이고 그다지 중요하지 않은 것들과 구분해준다. 또한 그것은 이후의 공연들을 판단하는 표준을 확립하고, 그 공연들의 자료 해설 및 그것을 다른 식으로 공연할 권리에 도전을 가한다.

이와 비슷하게 우리는 기독교 교회의 예배 의식에서 기독교의 이야기를 권위 있게 말하는 것에 대해 언급할 수 있다. 이렇게 다시 말하는 것의 배후에는 이천 년 간의 기독교적 경험의 무게가 고스란히 담겨 있으며, 그것은 예수 그리스도의 십자가 죽음과 부활이 신앙의 근본적 사건이자, 기독교 신앙과 기독교적 경험이 축으로 삼는 지렛대라고 명료하게 밝힌다. 그것은 우리가 미처 얻지 못했을(예를 들어 예수가 랍비, 혹은 종교적 사상을 퍼뜨린 사람에 불과하다고 주장하는 사람들로 인해) 통찰을 얻게 해주며, 십자가와 부활을 이해하는 데 있어서 본질적인 것과 주변적인 것(예를 들어 예수가 채식주의자였는가 아닌가 등)을 구분하게 한다.

기독교적 이야기를 다른 형태로 바꿔서 말한 이야기들은 그리스도인들이 대대로 예수 그리스도를 예배한 방식에 의해 빛을 잃거나 의문을 가져왔다. 그리스도인들은 예수님을 죽은 랍비로 애도하는 것이 아니라 부활하신 주님으로 예배한다. 십자가에 달리셨던 분이 이제는 영광으로 다시 사셨다는 사실에 기뻐하는 것이다. 그러므로 십자가와 부활의 중심성을 그리스도인들이 예배한 방식에 재현하거나 통합시키지 못하는 모든 신학에 대해서는 그것이 '기독교적'이라는 주장에 의문을 제기해야 한다.

이 책 후반부에서 강조하겠지만 하나님의 본질, 혹은 예수 그리스도의 정체성과 의의 본질에 대한 기독교적 이해와 연구는 기독교적 전통과 완전히 분리해서 이루어지면 안 된다! 여기서 말하는 기독교적 전통은 기독교 신앙의 기초가 되는, 그래서 기독교적 통찰이 기초하고 판단받는 주요 사건, 곧 십자가에 달리시고 다시 살아나신 그리스도를 가리킨다. 이 전통이 반드시 옳거나 그르다는 말은 아니다. 하지만 그렇게 하는 것이 명료하게 기독교적이라는 것은 의심할 바 없이 분명하다.

바울의 '십자가 신학'

바울의 기록과 사도행전에 나오는 몇 가지 사실에 따르면, 그리스도인으로서의 바울의 경험은 부활하신 그리스도의 영광에 대한 놀라운 계시와 함께 시작되었고(행 9:3; 22:6, 11; 26:13; 고전 9:1; 15:8; 갈 1:16), 부활하신 주님께서 죽음을 이기고 승리하셨다는 위대한 주제는 계속해서 그의 사고와 그의 광범위한 선교적 설교의 중심 주제가 되었다. 때문에 바울의 사고는 승리, 개선, 높임 등의 위대한 주제들을 중심으로 한 승리주의적인 것이라고 추측할 수 있을 것이다. 이를테면 지금 여기 계시는 예수 그리스도의 승리주의, 말일의 그리스도인들의 승리주의 말이다.

그러나 실제는 다르다. 고린도전서에 대한 몇몇 주석가들은 바울이 고린도에서 바로 이러한 승리주의와 싸웠다고 주장했다.

예수 그리스도의 이야기 중 어떤 측면이 바울의 사고를 지배했다고 말할 수 있다면, 그것은 바로 부활이 아니라 십자가다. 이와 같이 기묘한 사실이 종종 간과되곤 한다. 즉 바울이 글을 쓰기 오래전부터 기독교 전통—신학적 성찰과 예배 의식에서 행하는 고백들—은 십자가상에서 이루어진 예수님의 죽음이 구원의 사건임을 인정했으며, 십자가의 수수께끼가 예수님의 생애 및 그분의 가르침에 기초한 기독교의 종말을 나타내는 비참한 사건이 아니라 하나님의 구속 사건이자 하나님과 세상에 대한 진정한 기독교적 이해의 시작이라고 단언했다. 그럼에도 불구하고 바울은 자신의 예리한 비판력으로 초대 기독교 교회가 십자가의 중심성을 분명하게 이해할 수 있도록 이 접근법을 발전시켰다.

바울 서신 중 '십자가의 신학'에 대한 가장 강력한 진술은 고린도전서 1장 18절부터 2장 5절까지에서 볼 수 있다. 이 주목할 만한 본문은 십자가의 의의와 적실성에 대한 놀라운 통찰로 가득하며 부활은 사실상 무시된다. 왜 바울은 부활하시고 영광받으신 그리스도를 경험했는데도 십자가에 더욱 집중하는가?

현대의 많은 연구들은 고린도교회의 그리스도인들이 예수 그리스도의 추앙만을 일방적으로 강조했던, 일종의 승리주의에 사로잡혀 있었다고 주장해왔다. 고린도전서에 '지혜'와 '지식'에 대한 언급이 잦은 것도 고린도교회가 모종의 영지주의('계몽된' 사람만 획득할 수 있는 특정 '지식'에 기초한 종교 체계)를 채택했음을 나타내는 것이라고 주장되었다. 그리고 그리스도께서 하늘로 올라가신 것과 마찬가지로, 신자들은 하늘에 속한 지식을 얻기 위해 마음속으로 이미 승천한 것처럼 여겼다.

이와 같이 엉뚱한 추측에 반대하여 바울은 하나의 역사적 사실을 제시한다. 바로 십자가다. 십자가는 그런 추측을 현실로 되돌린다. '지식'이나 '지혜'를 갖고 있는 사람만 분별할 수 있는 천상의 진리 대신, 십자가는 우리에게 보다 구체적인 것을 마주 대하게 한다. 바울에게 지식과 지혜, 능력은 실로 하나님이 그리스도인들에게 계시하시는 것이었다. 하지만 그러한 것들은 십자가에 달리신 그리스도의 두렵고 수치스러운 모습을 통해 계시된다. 바로 여기서 신학적 추론이 시작되어야 한다. 바울은 지적인, 혹은 영지주의적인 '지혜'에 반대하여 선택받은 엘리트가 아닌, 모든 사람이 분별할 수 있는 하나의 구체적인 역사적 사건을 제시한다. 믿음은 인간 역사에 단단히 자리를 잡고 있다.

하지만 바울이 십자가에 기초를 두는 것은 단순한 신학적 추론 그 이상이다. 즉 기독교의 존재와 경험에 대한 바울의 이해 전체가 십자가에 달리신 그리스도의 운명에 근거하고 있다.

바울에게는 죽음과 생명, 약함과 강함, 고난과 영광, 지혜와 어리석음, 슬픔과 기쁨이 모두 십자가의 놀라운 사건에 뒤섞여 있다. 또한 예수 그리스도의 사명과 그리스도인의 존재 양식에 대한 그의 이해는 죽음 속의 생명과 약함 속의 강함이라는 십자가 중심적 주제의 지배를 받는다. 바울이 죽음에도 불구하고 생명을, 그리고 약함에도 불구하고 강해질 수 있다고 가르친 것이라 해석한다면, 우리는 바울이 깨달은 통찰의 총체적 의의를 놓치는 것이다. 즉 바울에게 십자가의 수수께끼가 지닌 놀라운 의미는 죽음을 통해 생명이, 약함을 통해 강함이 온다는 것이다.

십자가의 수수께끼는 하나님이 자기가 사랑하시는 자들의 구원을 이루시는 놀랍고도 역설적인 방식을 상징한다. 그리고 십자가에 달리시고 부활하신 그리스도 안에서 최고로 드러나는 동시에 그리스도인의 존재 방식에 대한 바울의 이해와 직접적인 연관성을 갖는다.

고린도교회의 그리스도인들은 마치 내세가 이미 완성된 것처럼, 그리고 부활한 삶의 완전한 능력이 이미 신자들의 삶 속으로 밀고 들어온 것처럼 행동하고 있었다. 때문에 바울은 십자가의 중심성과 우월성을 강조함으로써, 그리스도인의 경험을 통한 십자가와 부활의 변증법에 주의를 기울였다. 즉 십자가의 '지금 여기'와 부활의 '그때 거기' 사이에 긴장이 존재한다는 것이다. 바울이 생각할 때 부활은 여전히 미래의 사건, 완전히 밀고 들어오지 않은 채 현재를 조명하고 변혁시키는, '아직' 아닌 사건이었다. 따라서 그리스도인들은 끊임없이 미래의 부활을 고대하고 그것에 비추어 현재를 해석하면서, 이 땅을 사는 자신의 삶의 실제와 더불어 살고 분투해야 한다.

바울이 보기에 완전히, 그리고 진지하게 그리스도의 십자가를 진다는 것은 영광 중에 그리스도와 함께 다시 살리심을 받기 전, 이 땅에서의 남은 삶을 똑같이 진지하게 살아가는 것이다. 그러므로 십자가의 신학자가 되는 것은 우리가 사는 구체적인 상황 속에 여전히 뿌리를 내리면서, 그것을 미래의 부활에 비추어 부적절한 것으로 무시하지도 않고, 그것만이 우리 존재의 경계를 구성하는 것처럼 여기지도 않는 것이다.

십자가의 신학은 그리스도인의 삶에 있는 긴장들을 인식할 뿐 아니라 그 긴장들을 그대로 노출하여 우리가 처한 상황에 대해 현실적인 관점을 지니게 한다. 또한 십자가와 부활은 신자 개인과 교회의 삶에서 '지금 여기'와 '그때 거기' 간의 긴장을 보여주고 조명하며, 그것의 진정한 기독교적 이해를 위해 이러한 긴장을 제거하지 않게 한다.

신약을 주의 깊게 연구해보면, 예수 그리스도의 죽음이 처음에는 도저히 헤아릴 수 없는 불가해함, 모호한 수수께끼, 부활을 통해서만 풀 수 있는 것으로 여겨졌다. 그리고 십자가 사건은 부활을 통해 그 의미를 부여받았다(행 2:31-33; 고전 2:7-8). 그래서 때때로 바울은 부활을 예수께서 참으로 하나님의 아들이었음을 보여주는 것으로 여겼다(롬 1:3-4). 처음에는 그것이 십자가로 인해 오히려 부인되는 것처럼 보였던 것이다(갈 3:13). 때문에 오늘날에도 간혹 십자가를 그리스도가 지상의 삶에서 하나님 우편으로 높임을 받으시는 과정 중 하나로 보려는 경향이 나타난다. 그러나 그것은 그 과정의 여러 단계 중 하나일 뿐이며, 그것 자체가 특별히 중요하게 여겨질 수 없다. 사람들은 그리스도인들이 십자가에 달리신 그리스도보다 부활하신 그리스도에게 관심을 가져야 한다고 주장한다. 그래서 예수님의 십자가 죽음은 그분이 높임을 받으신 것에 가려진다.

물론 이런 견해가 일말의 진리를 담고 있기는 하지만, 거기에는 바울이 분명하게 인식했던 중대한 통찰이 결여되어 있다. 바울이 볼 때 그리스도의 십자가 죽음은 수많은 심각한 문제들을 야기했으며, 그에 대해 부활이 답을 주었다. 어떻게 그처럼 수치스럽고(유대인에게) 그토록 어리석은(헬라인에게) 것이 보편적인 구원의 의의를 지닐 수 있단 말인가? 어떻게 하나님은 그렇게 분명하게 버림받은 분과 자신을 동일시 하신단 말인가? 하나님께 전적으로 철저히 순종하면 굴욕적이고 무가치한 죽음으로 이끄시는 것인가? 이것이 그리스도께서 가신 길을 따라가는 모든 사람의 무시무시하고 무의미한 운명인가?

이와 같은 질문들은 십자가에 의해 어느 정도 설득력을 가진다. 그리고 예수 그리스도의 부활에 비추어 그 질문들에 대답을 할 수 있다. 그것은 바로 '십자가의 신학'이다. 즉 하나님의 힘은 십자가의 약함을 통해(불구하고'가 아니라!) 계시된다는 것, 생명은 죽음을 통해('불구하고'가 아니라!) 얻어진다는 것이다. 하지만 바울이 분명히 한 결정적인 통찰은 이것이다. 다시 살아나신 분은 오직 그리스도시며, 우리의 부활은 여전히 미래의 일이라는 것 말이다. 때문에 이 땅에서 우리 그리스도인의 삶의 열쇠는 여전히 예수 그리스도의 지상 사역의 절정인 십자가다. 의심할 여지없이 십자가는 부활에 비추어 해석되어야 한다. 그래서 우리는 이 중대한 수수께끼의 열쇠를 가진다. 하지만 이 세상과 그 안에서의 우리 운명에 대한 이해의 열쇠로 남아야 하는 것은 부활에 비추어 해석한 십자가다. 일반적으로 그리스도인의 삶, 그중에서도 특히 그리스도인의 제자도는 십자가의 지배를 받는다.

부활을 십자가 죽음보다 우선시하는 것은 현실에서 '하늘의 영역'으로 물러나는 것이며, 세상과 그 안에서의 우리 위치를 현재 우리가 처한 상황과 거의 관계가 없는 이상주의적 견해로 발전시키는 것이다. 십자가에 달리시고 하나님에 의해 다시 살아나신 분을 알게 되면 우리는 세상을 다른 견지에서 보게 되며, 약함, 고난, 핍박, 죽음의 본질에 특별하고도 결정적인 통찰을 갖게 된다. 그렇다고 해서 우리가 현재를 지나 하늘의 세계로 들어가는 것은 아니다. 우리는 현재 이 자리에 남는다. 하지만 십자가와 부활에 비추어 세상을 볼 수 있게 된다.

부활 이전의 삶, 부활에 비추어본 그 삶에서 십자가는 여전히 신자에게 '주어진' 모범이다. 그 십자가로 신자는 그리스도인으로서의 경험과 삶에서 만나는 심오한 모순들을 이해한다. 바울은 부활이 미래의 실상이라고 주장함으로써, 지금 여기에서도 부활의 삶에 충분히 참여할 수 있다는 이론을 주의 깊게 배제한다. 이 땅에서 그리스도인의 삶은 하나의 수수께끼다. 십자가가 그랬던 것과 마찬가지다. 다만 십자가는 그리스도인의 삶을 이해할 수 있게 해준다. 십자가와 부활은 실로 밀접하게 연결되어 있지만 그리스도인들이 현실로부터 이탈하는 것은 배제한다. 그리스도인의 경험에서 십자가와 부활 사이에는 하나의 변증법, 혹은 긴장이 있다.

십자가는 인간 실존의 모호함을 풀 수 있는 열쇠로, 그리스도인들이 처한 현재 상황을 이해할 수 있는 실마리를 던져준다. 십자가에 달리셨던 분이 다시 살아나셨다는 것을 알고, 자신이 그리스도와 함께 십자가에 못 박혔다는 것을 아는 신자는 십자가에 달리신 그리스도를 자신의 삶을 인도하는 원리로 삼을 수 있다. 그는 세상의 염려로부터 자유롭다. 부활에 비추어볼 때 십자가는 염려가 부적절하다는 것을 나타낸다. 바울이 주목할 만한 진술에서 말했듯이 "그러나 내게는 우리 주 예수 그리스도의 십자가 외에 결코 자랑할 것이 없으니 그리스도로 말미암아 세상이 나를 대하여 십자가에 못 박히고 내가 또한 세상을 대하여 그러하니라"(갈 6:14)라는 말씀대로, 신자가 "현재의 고난"(롬 8:18)과 부활하신 그리스도의 영광에 참여하는 것을 아는 일은 세상의 근심과 염려가 종료된다는 의미다. 바울의 대담무쌍한 문구처럼, 세상은 십자가에 못 박혔다!

이 책 뒷부분에서 십자가에 대한 바울의 논리를 탐구하고 발전시켜 보겠다. 지금은 다만 십자가가 바울이 이해한 그리스도인의 삶의 중심 요소이며, 제거되거나 무시될 수 없다는 데 주로 관심을 가질 것이다. 그리고 이제 우리는 복음 자체에 주의를 기울일 것이다. 일부 비평가들은 복음에 기초하여 십자가가 기독교 신앙의 주변적이고 긴요하지 않은 요소일 수 있다고 주장했다.

공관복음에 나타난 십자가

사람들, 특히 기독교를 마치 전적으로, 혹은 예수 그리스도의 윤리적 가르침에 순종하는 것으로 보기 원하는 사람들은 신약성경의 처음 세 복음서(마태복음, 마가복음, 누가복음. 보통 '공관복음' 이라고 일컬음)가 예수의 죽음과 부활에 대해 조금밖에 언급하지 않는다는 것을 지적하곤 한다. 물론 틀리지 않은 관찰이지만 그것에 근거하여 내린 결론(예수의 죽음과 부활이 그분의 윤리적·종교적 가르침보다 신학적으로 덜 중요하다)은 사실과 다르다.

우리는 복음서들이 바울 서신보다 더 늦은 시기에 기록되었으며, 서신서들과 학자들이 그 서신서들 배후에 있다고 밝혀낸 초기 기독교 전통은 예수 그리스도의 십자가 사건을 신자들의 삶에서 결정적으로 중요하고도 유일한 사건으로(부활과 별도로) 간주하는 경향이 있다는 것을 기억해야 한다.

실제로 신약에 나오는 가장 오래된 전승은 예수님의 십자가 죽음 및 그것이 신자들에게 지니는 의의에 관한 전승이다.

"형제들아 내가 너희에게 전한 복음을 너희에게 알게 하노니 이는 너희가 받은 것이요 또 그 가운데 선 것이라 너희가 만일 내가 전한 그 말을 굳게 지키고 헛되이 믿지 아니하였으면 그로 말미암아 구원을 받으리라 내가 받은 것을 먼저 너희에게 전하였노니 이는 성경대로 그리스도께서 우리 죄를 위하여 죽으시고 장사 지낸 바 되셨다가 성경대로 사흘 만에 다시 살아나사" (고전 15:1-4).

바울이 성도들에게 자신이 전달받은, 대단히 중요한 뭔가를 전해주고 있다는 것('전승'이라는 엄숙한 말에 주목하라)은 분명하다. 그것은 바로 예수 그리스도의 죽음과 부활의 우선적 중요성과 그것이 신자들에게 지니는 관련성이다. 바울은 예수님의 죽음이 갖는 의의에 대해 이와 같은 이해를 만들어내지 않았다. 그것은 다른 사람들이 그에게 전해준 것이다. 또한 그것은 예수 그리스도의 운명에 관한 가장 오래되고 가장 소중한 기독교적 통찰 중 하나를 나타낸다.

복음서를 가리켜 "상세한 서론이 달린 수난 기사"(마틴 캘러)라고 표현한 것이 그리 적절한 말은 아니지만, 그럼에도 불구하고 수난 기사들은 복음서의 절정으로 간주되어야 한다. 복음서의 기자들은 예수님의 사역 전체에 십자가의 그림자를 드리웠다. 이미 예수님의 설교, 가르침, 행동에서 그러한 단서들을 볼 수 있으며, 그 죽음의 잠재적 의의도 볼 수 있다. 십자가에 달리신 그분은 보통 사람이 아니었으며, 그 죽음은 통상적인 의미의 죽음이 아니었다.

예수님의 사역에 대한 기사들(그분이 말하고 행한 것, 사람들에게 준 인상 등)은 최초의 그리스도인들이 부활에 대한 성찰에 기초하여 이미 알고 있었던 것을 확증하고 공고히 한다. 즉 십자가에서 죽은 그분이 실로 하나님의 아들이었다는 것이다.

십자가와 부활에 대한 강조(바울이 강조한 것 등)는 이러한 것들을 '신비적인 상징'으로 이해하게 하는, 다시 말해 십자가와 부활을 실제적인 역사적 맥락에서 분리하게 되는 위험이 있다. 때문에 복음서는 우리가 실제 역사에 존재했던 사람인 나사렛 예수의 죽음과 부활을 다루고 있음을 강조함으로써 이러한 경향을 막는다. 우리는 지금 십자가에 달리고 다시 살아나신 예수, 사람들이 "마리아의 아들 목수", "야고보와 요셉과 유다와 시몬의 형제"(막 6:3)로 알고 있던 그 예수에 대해 이야기하고 있다. 십자가에 달리신 그리스도를 만나는 것은 그저 죽었다가 다시 살아난 신을 만나는 것이 아니라 명확한 인생사를 가진, 구체적인 한 인간을 만나는 것이다. 나사렛 예수의 사역과 고난에 대한 복음서의 이야기들은 우리가 그의 십자가 죽음과 부활을 인간 역사에 단단히 고정시키게 함과 동시에 우리가 하나의 역사적 사건을 다루고 있다는 것을 상기시켜준다. 즉 십자가는 그 일이 일어난 역사로부터 분리되어서는 안 된다.

이 서론적인 장에서, 우리는 기독교 신앙에서 차지하는 십자가의 중요성을 인식하기 시작했다. 기독교의 정체성과 적실성에 대한 추구는 십자가에 달리신 예수님과 밀접하게 연결되어 있다. 그러나 너무나 밀접하게 연결되어서, 오히려 십자가에 달리신 그리스도의 중심성을 수용하지 못하고 있다면 스스로 '기독교적'이라고 하는 자기 주장을 반드시 재고해보아야 한다.

기독교는 하나님과 예수 그리스도, 혹은 인간의 본성과 운명에 대한 임의의 생각이 아니다. 그것은 우리가 예수 그리스도의 십자가에서 만나는, 살아계신 하나님과의 신비한 씨름에 관한 것이다. 따라서 우리는 우리가 선택한 방식이 아니라 하나님 그분의 방식대로 하나님을 대하지 않으면 안 된다. 루터가 말했듯이 "참된 신학과 하나님을 아는 지식은 십자가에 달리신 그리스도 안에 있다."

다음 장에서는 십자가에 달리신 그리스도가 기독교 신앙의 중심이며 핵심이고, 그리스도인의 삶에서 십자가가 함축하는 것을 전개하는 것이 기독교 신학, 윤리, 영성의 주된 기능이라는 기본적 주장을 지지하는 논증들을 전개할 것이다. 그리스도인이라면 생각이나 행동 모두가 십자가를 중심으로 이루어져야 한다. 그리고 이 점에 대한 논의를 시작하려면, 하나님에 대한 우리의 지식이 애초에 어떻게 생겨나는지 물어야 한다. 이제부터 그 질문에 대해 살펴보겠다.

2
십자가의 불가피성

'우리는 하나님에 대해 어떻게 알게 되는가?' 이 질문은 믿을 수 없을 만큼 간단하여 오히려 무시되곤 한다. 하지만 이 질문은 상당히 중요하다.

현대의 과학적 사고에서 중요한 통찰들 중 하나는 지식을 얻는 방식이 결과적으로 얻어진 지식의 본질에 결정적 영향을 끼친다는 인식이다. 예를 들어 별들의 구조를 연구하기 위해 특정한 전자 장비에 의지한다면, 그 장비로 인해 당신이 얻을 수 있는 지식은 상당한 제한을 받게 된다. 우리는 갖고 싶은 모든 정보를 손에 넣지는 못한다. 이유는 바로 그것을 얻는 방식 때문이다. 좀 더 구체적인 예를 들겠다.

1960년까지 달 표면에 대한 우리의 지식은 달이 태양으로부터 반사한 빛에서 나온 정보에 의존했다. 그것은 약간의 정보를 제공해주었으나 그리 많은 정보를 주지는 않았다. 몇 십 년 후 달 표면의 물질을 가져와 자세히 검토해본 결과, 우리는 상당히 많은 것을 알게 되었다. 우리가 한때 간접적으로 알았던 것을 이제는 직접적으로, 그리고 훨씬 더 확실히 알게 된 것이다. 우리의 호기심의 주제(달 표면)는 변하지 않았다. 변한 것은 우리가 그것을 알아내는 방식이었다.

이러한 통찰은 자연과학 안에서 점점 더 지지를 얻고 있다. 즉 우리가 어떤 것에 대해 아는 것은 대체로 그것을 발견하는 방식에 의해 결정된다는 것이다. 따라서 우리의 지식은 애초에 무언가를 알게 된 방식에 따라 심각하게 제한되거나 왜곡될 수 있다. 시간이 흐르면서 과학은 점차 연구조사 방법을 발전시키고 있다. 그것은 우리의 지식이 가지고 있는 한계들, 혹은 그 지식의 왜곡이 차차 제거된다는 의미다.

그렇다면 하나님에 대한 우리의 지식은 어떤가? 그것은 어떻게 생겨나는가? 분명히 기독교에는 과학이 요구하는 것처럼 정교한 연구조사방법 같은 것은 없을 것이다. 그래서 하나님에 대한 우리의 지식이 갑자기 더 정확하거나 더 해박해지는 것을 기대하기는 힘들다! 때문에 우리는 질문을 던져야 한다. 바로 '하나님에 대한 우리의 지식은 애초에 어떻게 생겨나는가?' 하는 것이다. 앞에서 말한 것처럼 하나님을 아는 지식이 생겨나는 방식은 그 지식 자체에 결정적 영향을 발휘할 것이다. 쉽게 말해 '우리가 하나님에 대해 무엇을 아는가?'는 '우리가 그것을 어떻게 아는가?'로 결정된다.

기독교적 이해의 표준

하나님에 대한 기독교적인 지식은 어떻게 생겨나는가? 그리스도인의 통찰과 비그리스도인의 통찰을 구분하는 것은 무엇인가? 이와 같이 '하나님이 어떻게 알려지는가?'라는 질문에 주어지는 대답을 몇 가지 살펴봄으로써, 우리는 이 질문들에 대답할 수 있을 것이다.

어떤 사람들은 자연을 통해 하나님을 알 수 있다고 이야기한다. 별이 반짝이는 하늘이나 아름다운 석양은 사람들로 하여금 하나의 신, 혹은 여러 명의 신이 그토록 멋진 광경을 만들었을 것이라는 확신을 갖게 한다. 어떤 사람들은 특별히 멋진 음악(베토벤의 교향곡과 같은)을 들었을 때 비슷한 반응을 보인다. 음악의 순전한 찬란함과 작곡가의 천재성 또한 사람들로 하여금 그 배후에 모종의 신성이 숨어있다고 설득시키기에 충분하다.

또 다른 사람들은 자연 세계가 정돈된 방식에 감동을 받아, 우주의 설계가 창조적 지성에서 비롯되었다고 주장한다. 아이작 뉴턴이 당시 우주의 규칙성을 지배하는 행성 운행 법칙의 수학적 기초를 발견했을 때, 사람들은 하늘에 이 놀라운 자연을 조종하는 존재가 있는 것이 분명하다고 결론을 내렸다.

이 목록을 길게 확대하여 하나님에 대한 자연적 지식이 생겨난다고 여겨지는 다양한 방식과 더불어 그 결과로 생겨난 다양한 '신들'의 존재에 대해 말할 수 있을 것이다. 그럼에도 불구하고 일반적으로 알려진 것처럼, 이와 같은 고찰들은 결정적이기보다 암시적이며, 신(혹은 신들)의 본성에 대해서도 거의 알려주지 않는다.

키케로가 그의 유명한 책 『신들의 본질에 대하여』(On the Nature of the Gods)에서 불평하듯이, 사람들이 신의 본질에 대해 자연에서 끌어낸 개념은 단편적이고 일관되지 못하다. 인간의 역사 속에서 발전되어온 하나님, 혹은 신들에 대한 놀랄 만큼 다양한 개념들이 바로 하나님에 대한 이러한 자연적인 '지식'이 부적절하다는 것을 보여주는 증거다. 더욱이 그것이 매우 이상주의적인 접근이라는 것도 명백해질 것이다. 이 점을 간략하게 밝혀보자.

내 친구 하나가 옥스퍼드에서 잉글랜드 북쪽의 어느 도시로 여행을 한 적이 있다. 긴 여행이었다. 그래서 그는 새벽에 기차를 타고 옥스퍼드를 떠나기로 했다. 옥스퍼드를 떠날 때, 그는 풍경의 아름다움에 넋을 잃었다. 날이 점점 밝아오자 꿈결 같은 뾰족탑들이 안개 속에 매달려 있었으며, 거리의 풍경은 초자연적인 붉은 빛 속에 잠겨 있었다. 그에게는 실로 창조주 하나님이 계시다는 것과 그 하나님의 손으로 하신 일이 대단히 장엄하다는 것이 명백해 보였다.

하지만 여행이 계속되면서 자신이 새벽에 깨달은 통찰에 회의가 들기 시작했다. 그 여행의 목적은 암으로 죽어가는 친구를 마지막으로 방문하는 것이었다. 아직 나이가 젊은 자신의 친구가 경험하고 있던 전적으로 무의미한 고통, 그리고 그 친구의 죽음이 단 며칠 앞으로 다가왔다는 사실을 곰곰이 생각해볼 때, 그는 하나님이 그분의 세상에 존재하시는 방식에 의문을 품기 시작했다. 자신의 친구에게 그런 고통과 괴로움을 유발시키는 것은 새벽에 그와 같은 천상의 아름다움을 지니고 있었던, 하나님이 창조하신 같은 세상이었다.

왜 그는 영광스러운 일출에서는 하나님을 볼 수 있고, 친구의 고통과 임박한 죽음에서는 하나님을 볼 수 없는 걸까? 곰곰이 생각해본 그는 잘못이 하나님께 있는 것이 아니라 자기에게 있다는 것을 깨달았다. 아름다움에 대한 자신의 선입관이 죽어가는 친구와 함께하시는 하나님의 임재를 깨닫지 못하도록 막은 것이다.

돌아오는 여행길에 그는 하나님이 일출 때 그러셨던 것처럼 친구의 고통 속에도 임재하시며, 눈에 보이는 아름답고 기분 좋은 것뿐만이 아니라 창조계의 가장 어두운 부분에서도 하나님을 보는 법을 배워야겠다는 생각을 키워나가기 시작했다.

우리는 아름다운 풍경에서 하나님을 보지만, 기근과 자연재해의 장면들은 간과한다. 인간의 예술작품 속에서는 하나님을 보면서도, 인간의 잔인함과 부패함에는 관심을 기울이지 않는다. 두 가지 모두 인간에게 책임이 있다. 우리가 자연의 특정 부분에만 선택적으로 주의를 기울이기 때문에 하나님에 대한 속수무책의 이상주의적 견해가 나타나는 것이다.

하나님에 대한 이런 '자연적' 견해의 비논리성과 독단성이 제거되려면 하나님에 대한 바른 이해의 기초를 이룰, 신뢰할 만하고 권위 있는 어떤 것이 주어져야 한다. 그러나 이것이 우리가 선택하는 것이라면 그것은 우상, 곧 우리 자신이 만들고 감히 '하나님'이라고 부르는 무언가에 지나지 않을 것이다.

기독교는 언제나 '하나님'을 어떻게 이해해야 할지에 대해 누군가 말해줄 필요가 있다고, 그리고 하나님 자신이 우리가 그분에 대해 말할 수 있는 기초를 확립해주신다고 주장해왔다. 우리는 자신을 계시하시는 하나님, 우리에게서 주도권을 제거하시며 우리가 그분을 발견하기 전에 먼저 우리를 만나주시는 하나님을 대하고 있다. '계시'에 대해 말할 때도 우리는 하나님 자신이 우리에게 자신이 누구이시며 어떤 분이신지 말씀하신다는 개념을 표현한다. 특정한 방식으로 하나님에 대해 말하도록 우리에게 어떤 권한이 주어졌다는 개념을 표현하는 것이다.

'하나님'은 별이 빛나는 하늘을 바라보거나 모차르트의 플루트 협주곡을 들음으로써(그리고 세상의 덜 유쾌한 측면들을 무시함으로써) 발견하는 것이 아니라, 그분이 우리에게 오실 때 만나게 되는 분이다. 하나님은 우리에게 자신의 본성과 정체성에 대한, 그리고 하나님을 만난 결과에 대한 책임 있는 논의의 기초를 제공하심으로써 우리에게서 주도권을 제거하셨다.

하나님에 대한 책임 있는 기독교적 논의의 기초는 십자가에 달리신 그리스도 안에서 주어진다. 우리가 선택하는 것이 아니다. 우리는 하나님에 대한 논의의 기초를 십자가에 달리신 그리스도에게 둘 권한을 받는다. 우리에게 '주어진' 것(십자가에 달리신 그리스도) 외의 것을 하나님에 대한 지식의 표준적 기초로 선택하는 것은 우상숭배다.

물론 아름다운 석양과 모차르트 플루트 협주곡에서, 혹은 인간 영혼의 깊은 곳에서 하나님이 발견될 수도 있다. 하지만 그러한 것들은 표준이 아니다. 하나님의 본성에 대한 독특하고도 기독교적인 통찰이 있다. 그리고 이 점은 간과할 수 없는 매우 중요한 부분이다. 그 통찰들은 하나님께서 표준으로 계시하신 특정한 사건, 곧 예수 그리스도의 십자가와 부활에 대한 성찰을 통해 생겨난다. 하나님에 대한 명확한 지식을 얻기 위해 다른 곳을 찾아보는 것은 자신을 '그리스도인' 이라 부를 권리를 포기하는 것이다. 그리고 진정한 기독교적 통찰을 십자가 외의 다른 곳(석양이나 교향곡)에서 얻을 수 있다고 주장하는 것은 자신의 개인적 취향대로 종교적 상징을 선택하는, 자기 혼자만의 종교로 후퇴하는 것이다.

그리스도인이 된다는 것은 하나의 공동체 안에 들어가는 것, 그리고 하나의 상징-그리스도의 십자가-이 신약 시대 이후 기독교 전통에 의해 인증되고 입증되었음을 인정하는 것이다. 하나님과 세상에 대한 기독교적 이해에 표준적이고 결정적인 영향을 끼치는 것은 바로 이 상징이며, 기독교 전통의 진실성을 손상시킬 생각이 아니라면 그 외의 다른 어떤 상징도 선택해서는 안 된다. 또한 종교적 상징은 매우 중요한 것이므로 개인의 사사로운 선택에 맡길 수 없다!

그리스도인이 된다는 것은 기독교가 초기부터 현재에 이르기까지 표준으로 인정한, 그리고 시간과 경험이라는 두 가지 시험을 모두 통과하고 살아남은 상징, 곧 예수 그리스도의 십자가를 받아들이는 것을 의미한다.

다시 말하지만 기독교 신앙은 사적인 일이 아니라 공동체의 일이다. 따라서 신자는 개인적 취향에 따라 내린 결정으로 어디에서 하나님을 찾을지 선택하는 것이 아니라, 어디를 바라보아야 하며 그분의 자기 계시(self-disclosure)가 어떤 모양과 형태를 띠는지에 관해 듣는다. 그것은 그 안에 들어가게 된 기독교 전통에 의해 '주어지는' 것이다. 이 점은 너무나 중요하므로 계속해서 논의해야 한다.

십자가와 믿음

개인은 어떻게 믿음을 갖게 되는가? 이 질문은 너무도 자주 간과된다. 이에 대해 세 가지 주된 수단을 확인할 수 있으며 모두가 서로 밀접하게 연결되어 있다.

첫째, 성경읽기를 통해, 특히 신약성경 읽기를 통해서다. 거기에 예수 그리스도의 이야기와 그분이 신자들에게 갖는 의의가 믿음에 대한 요구와 함께 펼쳐진다.

둘째는 기독교적 선포―신학자들이 때로 '케리그마'라고 부르는―에 대면하는 것을 통해서다. 케리그마는 개인에게 예수 그리스도가 지니는 의의를 간략하게 요약한 것으로, 종종 믿음에 대한 요구와 연관되어 있으며 신약의 많은 부분에서 나타난다. "그리스도께서 우리 죄를 위하여 죽으시고"(고전 15:3)라는 주장이 케리그마의 한 예다. 그것은 예수 그리스도의 죽음의 의의에 대한 해석이며 믿음에 대한 요구를 함축한다. 이 선포, 혹은 케리그마는 신약성경에 분명하게 나타나며 기독교 역사 속에서도 만날 수 있다. 그것은 십자가에 달리시고 부활하신 예수 그리스도가 인간의 삶에 결정적으로 중요한 의의를 지닌다는 주장과, 그 의의를 자신의 것으로 만들기 위해서는 믿음을 가져야 한다는 암시적 요구로 구성되어 있다.

셋째는 기독교 공동체의 예배를 통해서다. 그 공동체는 새신자가 반드시 관계를 맺어야 하는, 그리고 불신자가 진지한 성찰을 할 마음을 갖게 되는 곳이다. 교회는 결코 예수님을 죽은 선지자나 과거의 유능한 교사로 숭배하지 않았으며(물론 예수님의 가르침은 현대의 사회적 상황에 비추어 광범위하게 수정되어야 한다), 부활하신 구세주이자 주님으로 경배했다. 교회가 예수 그리스도를 그런 분으로 인식했기 때문에 그분의 가르침을 그토록 진지하게 받아들이는 것이다.

이 세 가지 원천은 기독교 신앙이 십자가에 달리시고 부활하신 그리스도 안에 나타난 하나님의 자기계시에 대한 반응이라고 일관되게 묘사한다. 이 점을 좀 더 상세히 살펴보겠다.

성경, 특히 신약성경은 이스라엘 백성과 예수 그리스도에 대한 객관적인 기사나 역사가 아니다. 그것을 기록한 사람들은 그것을 자신들과 함께하시는 하나님이 하신 일들에 대한 증언으로 이해했다. 때문에 그 일들 대부분이 예수 그리스도의 죽음과 부활에 초점이 맞춰진다.

'예수 그리스도의 십자가 죽음과 부활'에 대해 말할 때, 우리는 그저 십자가와 빈 무덤이라는 있는 그대로의 역사적 사실만을 이야기하는 것이 아니라 그 사건들과 그 사건들 속에 주어진 의미를 말한다. 성경은 하나님이 행하시는 방식을 이스라엘과 교회가 이해하고 파악한 대로 증거한다. 그것은 예수님의 십자가 죽음과 부활에 의미를 부여하고, 그 사건들 안에서 최고로 표현된, 하나님에 대해 생각하는 방식을 확증한다.

또한 성경은 십자가에서 죽으신 예수의 부활에 의해 확증되고 확장된 바, 신적 활동의 유형과 그 행동에 대한 인간의 인식 및 반응을 증거한다. 그래서 성경은 우리에게 예수의 십자가 죽음과 부활의 의미를 이해할 수 있는 열쇠를 제공하며, 그 사건들이 성경에서 주어진 것과 다른 견지에서 해석되면 그 의미를 잃어버리게 된다. 루터가 말한 것처럼 "성경은 그리스도가 누워계시는 구유다." 이 말은 곧 성경이 그리스도의 죽음과 부활의 의미를 온전히 이해할 수 있는 배경을 제공한다는 뜻이다.

그리스도의 죽음과 부활은 일종의 진공상태에서 일어난 것이 아니라 인간 역사에 나타난 하나님의 구속사적 행하심을 인식하는 맥락에서 발생했다. 출애굽 및 예수 그리스도의 죽음과 부활은 동일하신 하나님의 구원사역이다.

신약은 처음부터 끝까지 하나님이 예수 그리스도의 죽음과 부활로 인류를 구속하셨다는 것, 이것이 실로 '복된 소식' 이라는 것(이것이 '복음' 이라는 말의 문자적 의미다), 이것이 개인에게 영향을 미치려면 개인의 반응이 요구된다는 것, 그리고 이것을 받아들이고 나면 특정한 요구들이 생겨난다는 것에 대한 확신으로 크게 기뻐한다.

신약성경은 예수님에 대한 개관적인 내용을 소개하는 것이 아니라 그것을 읽는 사람에게 열정적이고 지속적으로 믿음을 가질 것을 호소한다. "예수께서 제자들 앞에서 이 책에 기록되지 아니한 다른 표적도 많이 행하셨으나 오직 이것을 기록함은 너희로 예수께서 하나님의 아들 그리스도이심을 믿게 하려 함이요 또 너희로 믿고 그 이름을 힘입어 생명을 얻게 하려 함이니라"(요 20:30–31).

신약을 읽는 사람들은 예수 그리스도에 대한 중립적이고, 균형 잡히고, 공평한 평가를 보는 것이 아니라 그들의 구세주이시며 주님이신, 그리고 인간 역사에서 자신들을 따를 모든 사람의 잠재적인 구세주이시며 주님이신, 십자가에 달리고 다시 살아나신 그리스도를 인정하는 사람들의 믿음을 보게 된다. 따라서 신약의 저자들에게 십자가에 달리시고 부활하신 그리스도가 구세주이시고 주님이시라는 사실은 역사의 필수적인 부분이며 독자들에게 반드시 전달해주어야 하는 부분이다.

신약의 메시지는 선포나 케리그마를 통해 확연히 드러난다. 최근 학계에서는 십자가에 달리신 예수 그리스도께서 부활하심으로써 인간 딜레마에 의미를 부과하셨다는 선포가 신약을 하나로 통합시키는 중심 특징이라고 여긴다. 케리그마는 예수의 중요성에 대한 평가, 예수에 대해 결정적으로 중요한 것을 규정하려는 시도(덜 중요한 것은 덜 중요하게 인식되도록 하는 것), 그리고 믿음의 공동체 바깥에 있는 사람들에게 예수 그리스도의 의의를 선포하는 것으로 간주될 수 있다. 말하자면 그것은 교회 밖에서 "예수 그리스도가 나에게 무슨 의미인가?"라고 묻는 사람들에게 주는 대단히 간결한 요약이다. 그리고 그 본질적 요약에는 십자가와 부활이 포함된다. 오늘날 설교자나 전도자가 십자가에 죽으셨다가 다시 살아나신 그리스도께서 그를 따르는 사람들의 믿음을 통해 인생을 변혁시킨다고 선포하는 것처럼, 초기의 그리스도인들도 똑같은 일을 했다.

"믿음은 들음에서 나며 들음은 그리스도의 말씀으로 말미암았느니라"(롬 10:17). 초대교회에서 믿음은 십자가에 죽으셨다가 다시 사신 그리스도가 인간의 삶에 직접적인 관련성을 가지고 있다는 설교를 통해 생겨났으며, 그 믿음이 우리에게까지 전해져왔다.

오늘날 교회 선포의 기초는 초대교회 때와 같다. 똑같은 십자가의 논리, 예수를 십자가의 죽음에서 다시 살리신 하나님을 믿으라는 똑같은 호소다. 그리스도인이 되는 것과 그리스도인으로 사는 것 둘 다 십자가에 달리시고 다시 사신 그리스도를 믿는 믿음에 의해 생겨나고, 자라고, 유지되는 공동체 안에 있는 것이다.

기독교 신앙이 생겨나고 한 세대에서 다음 세대로 전달되는 십자가의 틀은 자신들의 사사로운 목적에 적합한 기독교의 어떤 측면이 주요 특징이라고 주장하려는 사람들에 의해 간과되거나 폄하될 수 없다. 이것은 사적인 판단이 허용될 수 있는 문제가 아니다. 십자가의 중심성은 그리스도인의 믿음과 선포에 있어서 파기할 수 없도록 '주어진 것'이기 때문이다.

개인이 믿음을 갖게 될 때, 그는 믿음의 공동체에 합류하여 그 안에서 하나님을 경배한다. 십자가와 부활이 예로부터 교회 예배에서 중심이었다는 것은 부인될 수도 폄하될 수도 없다. 그러므로 신자가 세례를 받는다면 그의 이마에 십자가의 표적이 새겨질 것이며, 그 표적 안에서 그는 자신이 믿음의 삶을 영위할 것이라는 말을 듣게 된다. 곧 신자들이 믿지 않는 세상을 정복하러 나아갈 때 지니는 표적은 십자가다. 그것은 교회와 교회 안 지체들의 믿음의 상징이며 근거다. 그들은 십자가에 달리신 예수 그리스도를 죽은 자 가운데서 다시 살리셨고 세상에 맞서 싸우는 신자들과 교회를 지지해주시는 하나님을 믿는다. 그 믿음의 공동체에서 신자들은 예수 그리스도를 구세주와 주님으로 예배할 것이다. 또 그들은 하나님이신 예수 그리스도께 기도하고 예배할 것이다.

성찬의식에 충실한 교회에서는 그 의식의 중심적이고 제거할 수 없는 요소로서 예수의 십자가 죽음과 부활에 주의를 기울이게 될 것이다. 이와 같은 성찬의식에서 예수 그리스도의 이야기가 다시금 권위를 갖는다. 거기서 강조하는 점은 십자가 죽음과 부활, 그리고 그 사건들이 신자에게 지니는 중요성이다.

새신자들, 혹은 공동체에 속해 있지 않지만 믿음에 대해 알고 싶어 하는 사람들은 이처럼 예수 그리스도의 십자가에 따라 하나님과 세상에 대한 이해를 형성하는 공동체의 전통에 직면하게 된다. 물론 이것이 반드시 하나님과 세상을 이해하는 올바르고 유일한 길이라는 말은 아니다. 하지만 그렇게 하는 것이 진정 기독교적인 방식이다. 그러므로 우리가 기독교에 관한 진리의 탐구를 시작하기 전에 먼저 그런 주장들이 존재한다는 것을 인식해야 한다.

때로 믿음의 행위와 내용이 구분되기도 한다. 바로 '믿는 믿음'과 '믿어지는 믿음'이다. 믿음의 행위는 개인이 믿기로 하는 결정이나 믿음에 대한 태도인 반면, 믿음의 내용은 실제로 무엇을 믿는가를 말한다. 믿음의 행동과 내용은 모두 십자가에 달리신 그리스도가 부활하셨다는 선포에 기초한 공동체의 전통과 직간접적으로 만남으로써 생겨나고 자라난다. 믿지 않는 세상에 예수 그리스도의 죽음과 부활의 의의를 선포하는 것이 이 공동체다.

역사 안에 나타난 하나님의 구원사역, 그리고 예수 그리스도의 십자가 죽음과 부활에서 절정에 이른 그 행위에 관한 위대한 이야기를 다시 말하는 것도 바로 이 공동체다. 대대로 선포를 통해 공동체의 경계선 밖에 있는 사람들이 십자가에 달리시고 다시 사신 그리스도의 구원의 말씀을 대면하도록 직간접적으로 이끈 것도 이 공동체다. 그래서 이 선포에 믿음으로 반응한 사람들은 공동체 안에 들어가 그 믿음을 공유한다.

부활에 대한 최초의 증인들과 전달자들에게까지 거슬러 올라가는 과정을 통해서도 오늘날 신자들의 믿음은 어제의 신자들의 믿음에 기초하고 있다는 것이 분명해진다.

신약은 십자가에 달리시고 부활하신 그리스도가 인류의 구세주이시며 주님이시라는 확신 때문에, 그 확신에 비추어 생겨난 것이었다. 그리스도를 직접 알았던 사람들로부터 전해 내려오는, 십자가에 달리시고 다시 살아나신 그리스도의 의의에 대해 우리가 지금 가지고 있거나 앞으로 가지게 될 모든 증거는 이 믿음의 결과이자 또한 증거다. 그러한 것들은 그리스도에 대한 저자의 믿음의 관점에서 기록되고 보존되어왔다.

최초의 그리스도인들은 그리스도를 십자가에 달리셨다가 살아나신 분, 그들이 믿게 된 분으로 알고 예배했으며, 이 믿음의 맥락 밖에서는 그분에 대해 말할 수가 없었다. 그리고 충분한 시간이 지나 우리 역시 이 선포에 직면했고 그에 반응했다. 십자가를 중심으로 한 초대 그리스도인들의 믿음이 우리에게 전달되어 내려온 것이다.

그러므로 우리는 그 믿음의 주인이 아닌 종이다. 그것은 우리가 결코 통제할 수 없는 것이다. 그것이 우리에게 '주어진다'는 의미에서 그렇다.

그것은 널리 퍼져있는 역사적인 공동체의 전통에 기초하며, 우리가 그 내용이나 강조점을 바꾼다면 그 전통의 온전한 모습이 손상된다. 우리의 개인적 취향과 상관없이, 그 온전함은 십자가가 대대로 내려오는 기독교의 믿음 기저에 있는 중대한 신비, 기독교 신앙의 정체성과 적실성의 운명이 달려있는 토대임을 인식하도록 요구한다.

여러 가지 면에서 신학자들은 자신의 입장이 크누트 왕과 다르지 않다는 것을 발견한다. 그는 영국 해안에 밀려들어오는 조류를 멈추게 하려 했던 왕으로 유명하다. 그러나 결국 그가 조류를 막아낼 수 없었던 것처럼, 신학자들은 자신을 지나쳐가거나 물에 빠지게 할, 하지만 그 진로를 멈출 수 없는 전통의 흐름이라는 조류와 겨루는 자신을 발견하게 된다.

기독교는 덜 책임 있는 신학자들이 놓아둔 장애물들을 피해가는 놀라운 능력을 보여주었다.

때문에 개인과 공동체의 신앙과 성찰에서는 십자가의 중요성을 인정하는 경우가 압도적인 것처럼 보이지만, 기독교 신학 내에서도 그렇다는 의미는 아니다.

다음에 이어지는 글에서 나는 십자가가 기독교 신학의 토대와 판단의 기준이며, 실로 그런 역할을 해야 한다고 제안할 것이다.

십자가와 기독교 신학

현대 기독교 신학은 18세기 계몽주의의 억압을 받아왔다. 심지어 자발적인 포로가 된다는 인상까지 주었다. 많은 초대교회 교부들이 플라톤 철학의 덫에 갇혀 스스로 해방될 수 없었던(정말 그들이 해방되기를 원했다면) 것과 마찬가지로, 현대의 많은 신학자들도 자신들이 계몽주의 문화의 모체 안에 갇힌 것을 환영하는 듯하다. 하지만 중요한 것은 수동적으로 문화의 지시를 받는 것이 아니라 그것에 도전하고, 그것이 일시적임을 드러내고, 나아가 그것을 변화시키는 것이다.

계몽운동의 이성주의가 시작되기 전에는 기독교 신학이 기독교 신앙을 탐구하고 규명하는 데 관심이 있는 학문으로 간주되었다. 11세기의 저자 캔터베리의 안셀무스의 말은 이러한 견지를 요약한다. "나는 이해하기 위해 믿는다." 히포의 어거스틴도 "믿지 않으면 절대 이해하지 못할 것이다."라고 주장했다. 다시 말해 믿음은 이해보다 앞선다. 진정한 기독교적 신학은 기독교 내부로부터 기독교 신앙을 성찰하는 것이다. 자신이 공유하지 않는 믿음에 대한 중립적이고 초연한 태도를 가진 사람은 기독교 '신학자'로 간주될 수 없다.

하지만 계몽주의 이후 이러한 양상이 바뀌었다. 새로운 정신적 태도가 개발되었으며 그것은 오늘날까지 여러 분야에 남아있다. 계몽주의 사상가들에게는 모든 것이 이성적으로 정당화되어야 했다. 즉 이성적이지 않으면 믿지 않았다. 한편 이성적 계몽주의에 맞서는 커다란 장애물 중 하나는 편견이었다. 모든 것을 평가하려면 그것에 대해 철저하게 공정하고도 무심한 태도를 수용해야 했다.

신학은 한때 스스로를 믿음의 맥락 안에서 작용하는 것이라 이해했지만 계몽주의 사상가들은 그것이 절대적 객관성, 학문적 비헌신, 편견 없는 공정성이라는 맥락 안에서 작용해야 한다고(그렇게 할 수 있다면!) 주장했다.

사실상 계몽주의 사상가들은 신학에 대한 예전의 태도를 경솔하게 믿는 것, 혹은 미신적인 것이라고 여겼다. 그것이 암시한 '편견'(그것이 믿음이라는 맥락 안에서 작용한다는 점)을 결코 받아들일 수 없었다. 따라서 기독교 진리에 헌신한 사람은 '신학자'라고 불릴 수 있는 권리를 빼앗겼다. 그가 이미 자신이 연구하는 주제에 대해 특정한 태도(그것을 믿는 것)를 수용했기 때문이다.

그래서 '신학'은 그 진리에 완전히 무관심한 사람들이 이성적으로 종교를 연구하는 것이라는 생각이 발전했다. 그것이 바로 현대의 영국과 미국 대학에 있는 일부 '종교학' 학부 기저에 있는 태도다. 그리고 신학자는 기독교의 주장들을 완전한 공정성과 무심한 태도로 (그 경계선 바깥에서) 연구 · 조사하는 데 관심이 있는, 객관적인 사람으로 여겨지게 되었다.

오늘날 문제시되고 있는 이 '학적 중립성'에 대해서는 다음 장에서 더 상세히 논하겠다. 지금 주목할 것은 계몽주의 가설들에 대한 반발이 점차 커지고 있다는 것이다. 많은 연구를 통해 그것이 명백하게 나타나고 있으며 이 책의 주제와 관련해서도 상당히 중요하다. 다른 학문 분야는 계몽주의의 해로운 영향력에서 벗어난 것에 반해, 많은 그리스도인 신학자들은 여전히 계몽주의의 포로가 되어 그 억압에 종속되는 듯하다. 이 부분에서 우리는 최근에 두 사상가가 이해의 본질에 관한 논의에 기여한 중대한 사항들을 살펴보고, 그것과 신학의 관련성에 대해 탐구해보겠다. 하지만 이 간략한 요약은 그들 연구의 풍부한 자료와 미묘한 논증들을 제대로 다루지 못하며, 단지 대단히 영향력 있는 이 사상가들을 잘 모르는 독자들에게 그들이 내리고 변호할 결론들을 보여주려는 것뿐이다.

독일의 신학자 한스 게오르그 가다머는 그의 저서인 『진리와 방법』(Truth and Method)에서 우리가 사물을 이해하는 방식에 대한 중요하고도 귀중한 연구조사 중 하나로 점차 인정되고 있는 것을 다루었다. 그 책은 가다머가 계몽주의의 '편견에 대한 편견'이라고 부르는 것에 대한 지속적이고 대단히 설득력 있는 공격이다.

오늘날 '편견'이라는 말과 연관되어 있는 부정적인 함축들은 계몽주의 특유의 근본적 편견이 가져온 직접적 결과다. 가다머가 설득력 있게 지적하듯이, 계몽주의는 세상을 이해하는 전통의 힘에 대해 매우 강한 편견을 갖고 있으며 철저하게 객관적인 방법을 개발하려 했다. 즉 계몽주의는 객관적 진리가 전통의 힘을 파괴할 수 있다고 믿었다. 하지만 가다머가 주장한 대로 그 '객관성'은 잘못되고 미혹시키는 것이었다.

계몽주의 사상가들이 전통에서 벗어남으로써 현실의 고정관념에서 해방되고 철저하게 객관적으로 현실을 연구할 수 있다고 주장한 반면, 가다머는 이러한 주장이 그런 사상가들 안에 감춰진 편견들을 덮어버렸다는 것을 보여준다. 어떤 전통은 단지 불가피한 것이 아니라 실제로 경험과 실재를 해석하는 데 도움이 된다. 전통에 의해 축적된 지식과 통찰은 인간의 판단이 정확하게 적용되는 틀을 구성한다. 그는 이해의 선결조건 중 하나로 '적법한 편견'이라는 것을 강조하며, 무에서 지식을 창조하는 절대적 이성이라는 계몽주의의 환상을 피하려면 이러한 통찰이 매우 중요하다고 주장한다.

1836년에 발간된 그의 첫 책에서, 랄프 왈도 에머슨은 기독교에 대한 계몽주의적 기저에 있는 근본적 질문을 던졌다. 그것은 바로 '왜 우리는 전통 대신 통찰력 있는 시와 철학을 가지면 안 되는가?'이다. 이 질문은 에머슨이 1837년 8월 31일 파이 베타 카파회에서 했던 연설 배후의 질문이기도 하다. 그것은 올리버 웬델 홈즈가 "지적 독립선언서"라고 선언한 것이다. 전통에서 벗어남으로써 객관성을 위한 편견을 무시해버리겠다는 것이다.

계몽주의 사상가들에게 전통은 진리를 가로막는 장애물이며, 그 진리는 전통을 개입시킬 필요 없이 전적으로 이성적인 수단에 의해서만 얻어지는 것이었다. 그렇게 진리에 이르면 전통은 완전히 필요가 없어진다. 하지만 가다머는 많은 사람이 이 접근법에서 느끼는 심각한 염려를 구체화했다. 전통은 기본적으로 우리가 진리에 이르게 하는 중요한 통찰들의 발전이다. 그러므로 에머슨이 '통찰'과 '전통'을 대조시킨 것(통찰이나 전통 둘 중 하나이지 둘 다가 아니라는 것)은 옳지 않다. 전통이 기본적으로 전통 안에 있는 사람과 밖에 있는 사람 둘 다에 의해 계속적으로 재검토와 재평가를 받아야 하는 축적된 통찰이라는 점에서 그렇다.

물론 계몽주의 사상가들은 전통과 편견을 동시에 없애버릴 수 있을 것이다. 그러나 계몽주의와 전통의 '단절'에 대한 연구가 보여주듯, 실제로는 옛 전통 대신 새로운 전통이 생겨난 것뿐이다.

기독교 전통은 역사적 사건(예수 그리스도의 십자가 죽음과 부활)의 의미를 다루고 있다. 따라서 전통에 의한 접근을 제외해버리면 더 이상 그 사건에 접근할 수가 없다. 하지만 가다머가 지적하듯이 이것은 우리가 그 사건의 의미에 접근할 수 없다는 말이 아니다. 예수에 관한 전통 자체가 이미 긍정적 의미와 진리를 지니고 있기 때문이다. "그것은 입을 크게 벌리고 있는 텅 빈 심연이 아니라 관습과 전통의 연속성으로 가득 차 있다. 그것에 비추어 우리에게 전해 내려오는 모든 것이 제시된다." 다시 말해 앞에서 말한 개념들을 발전시키면, 기독교 전통은 '관습과 전통의 연속성' 안에서 1세대 그리스도인들이 확립한 예수 그리스도의 의의에 대한 해석을 우리에게 전달한다. 그 해석은 그들이 입수할 수 있는(그리고 우리가 그들의 결론을 입증할 수 있는 위치에 있지 않다면 더 이상 입수할 수 없는) 증거들에 기초한 것이며, 그 사이 시간과 경험이라는 이중적 시험을 만족시킨 것이다.

어느 누구도, 특히 그리스도인은 기초를 없애버리고 무에서부터 다시 시작하는 것으로 자신이 속한 전통에서 벗어날 수 없다. 아마도 계몽주의 사상가들은 이 점을 부정적으로 볼 것이다. 그러려면 이전 세대의 통찰에 의존하는 것을 인정해야 하고, 그것은 곧 모든 진리가 보편적인 이성적 원리들로부터 추론되어야 한다는 원리와 모순되기 때문이다.

가다머의 통찰은 우리가 이 중요한 통찰에 긍정적인 방식으로 접근하게 한다. 그리스도인들이 그들이 속한 복잡한 전통으로부터 벗어날 수 없다는 것은 분명한 사실이다. 때문에 그들은 그 전통을 실재를 이해하는 타당하고 유용한 방식으로 사용하는 법을 배워야 한다.

신자가 진리를 탐구하는 것은 이전에 만나보지 못한 문제들을 탐구하기 위해 미지의 땅으로 여행을 떠나는 것이 아니다. 오히려 전에 그 여행을 했던 사람들의 상세한 기사들을 만나는 것이다. 그들은 자신들이 발견한 것에 대해 기록해놓았다. 그것이 그들의 경험을 다른 사람들에게 적절히 전달했으며, 다른 사람들도 그 여정을 시도하여 그들이 발견하게 될 것들을 표현하도록 자극했다.

이처럼 신자의 진리 탐구는 개척하는 것이라기보다는 상황이 요청할 경우 그것을 재진술하거나 수정하기 위해 신자와 전통이 다 같이 헌신하는 믿음을 표현하는, 전통의 긴 흐름을 평가하는 것이다. 하지만 전통에 대한 헌신은 신학자의 자원에서 필수적인 부분이므로 신학자는 그것을 마음대로 무시해버릴 수 없다. 신학은 이처럼 신학자가 헌신하고 있는 어떤 것, 곧 전통을 탐구하고 재진술하면서 믿음의 공동체 안에서 이루어지는 그 무엇이다.

처음 1천 년 동안 기독교 신학자들에게 신학은 바로 믿음의 맥락 안에서 행해지는, 기독교 믿음에 대한 성찰이었다. 특별히 이것은 자료의 출처와 가설들에 대한 특정 제한들을 받아들이는 것을 의미했다. 기독교 전통에 따르면 하나님에 대한 참된 지식은 기독교 신앙 안에서 발견된다. "교회를 어머니로 두지 않은 사람은 하나님을 아버지로 두지 않는다"(칼타고의 키프리아누스). 이것을 가다머의 용어로 바꾸면, 우리가 하나님에 대한 통찰에 접근할 수 있게 해주는 것은 교회에 의해 역사적으로 전달된 기독교 전통이다.

이 책이 계속 주장하는 것처럼, 기독교 전통은 철저하게 십자가 중심적이다. 하나님에 대해 생각하는 것과 하나님을 예배하는 방식에 십자가가 너무도 깊이 새겨져 있기 때문에, 그 불가해한 형태와 씨름하는 것이 바로 기독교 신학의 본질적 요소가 된다. 그러므로 누구든 기독교 전통과 씨름하는 사람은 결국 그 전통에 의해 전달된 십자가의 불가해함과 씨름해야 한다.

가다머의 통찰을 보충하는 통찰들이 자연과학자 마이클 폴라니의 유명한 책 『인격적 지식』(Personal Knowledge)에서 발전되었다. 이 책에서 폴라니는 '객관적 진리'라는 계몽주의 개념이 얼마나 심각한 오해를 불러일으킬 수 있는지 보여준다. 심지어 그것이 가장 적절해 보이는 자연과학 안에서도 그렇다는 것이다.

폴라니에게 '객관적 지식'이라는 개념은 사람이 갑자기 하나님의 자리를 차지하고, 우주의 모든 측면에 접할 수 있을 때에만 진짜로 가능해진다.

하지만 폴라니가 지적하듯이, 우리는 우주의 한정되고 제한된 차원에만 접근할 수 있다. 그래서 우리의 지식이 완전히 주관적이지 않다 해도, 거기에는 계몽주의 사상가들이 도달할 수 있다고 믿었던 완전히 '객관적인' 특정이 결여된다.

우리는 다시 한 번 믿음이 모든 지식의 원천이라는 것을 인정해야 한다. 암묵적 동의와 지적 열정, 언어와 문화적 유산의 공유, 같은 마음을 가진 공동체에 속하는 것, 그런 것들이 우리가 사물의 본질에 대한 시각을 형성하는 추진력이다. 어떤 지성도, 아무리 비판력 있고 독창적이라 해도 그런 기준점의 틀 밖에서 작동할 수 없다.

폴라니에게 '준거틀'(믿음, 신앙, 헌신의 틀)은 지식에 필요한 전제조건이다. 가다머가 '정당한 편견'의 필요성을 변호했던 것처럼, 폴라니는 지식이 발생하려면 믿음의 틀이 요구된다는 것을 강조한다. 지식에 이르는 유일한 길은 헌신과 모험에 기초한다. 이것은 신학자뿐 아니라 자연과학자에게도 해당된다.

폴라니에 따르면, 실재에 대한 그들의 지식은 믿음의 헌신에 의지한다. 그것은 눈으로 볼 수 없으며 그것이 작용하는 공동체에서 암묵적으로 받아들여진다. 따라서 과학적 공동체와 기독교 교회 둘 다 '같은 마음을 가진 공동체'로, 개인이 실재를 이해하기 위해서는 그 공동체에 가입하는 것이 필수적이다. 공동체의 전통 안에서 이해가 일어나기 때문이다.

폴라니의 유명한 문구를 사용하면, 과학이나 신학 할 것 없이 상황에 대한 계몽주의의 거짓된 진술에 직면하여 '모든 실재가 기준점에 뿌리를 박고 있다.' 이 중요한 통찰은 점차 더 인정을 받으며 계몽주의 정신과의 결정적 단절을 표시하면서, 후기 비평적 철학에 대한 폴라니의 개인적 선호의 근거가 된다.

과학과 신학은 상호 양립할 수 없는 지적 학문으로 간주된 경우가 많았지만, 이제는 우리가 완전히 파악할 수 없는 실재에 대한 지식을 얻는 방법 면에서 점차 하나로 수렴되고 있다.

폴라니와 가다머의 통찰을 더 논하는 것은 이 책의 범위를 벗어나는 것이다.

우리가 강조하려는 점은 기독교 신학에 대한 계몽주의의 태도가 심각하게 잘못되어 있으며, 기독교 신학이 이것을 명백하게 인식하기 위해 탁월한 주장들을 펼쳐야 한다는 것이다.

너무나 쉽게, 예로부터 내려온 통찰이 현대의 개념과 충돌을 일으킨다는 이유로 버려진다. 그리고 이 현대적 개념들이 버려질 때, 우리는 그것으로 인해 버려진 오래된 통찰들을 되찾지 못한다.

기독교 신학의 본질이 좋은 예다. 우리는 예로부터 내려온 신학의 전통적인 개념을 회복해야 한다. 그 개념은 기독교 전통을 전개하고 분석하며, 그것을 통해 당시의 지적, 도덕적, 영적 필요에 영향을 미치고자 믿음의 공동체 안에서 생겨났다.

창의적인 신학적 학문과 사색은 실제로 특정한 공동체 전통의 틀 안에서, 그리고 예수 그리스도의 십자가와 부활에 기초하여 생겨난다. 동시에 그것은 전통을 전달하고 비판하며, 그것이 증거하는 진리들을 그 전통적인 표현들이 적절하게 표현하고 있는지 묻는다. 그래서 전통을 비판하기에 가장 좋은 위치에 있는 신학자는 전통을 귀하게 여기는 사람이다. 그런 사람이야말로 전통을 정결하게 하고 강하게 하려는 마음을 가지고 있기 때문이다.

신학자는 기독교 전통이 그 기초가 되는 믿음의 원시적 사건을 얼마나 효과적으로 나타내고, 해석하고, 전달하는지 평가할 수 있는 위치에 있을 것이다. 하지만 그도, 다른 어느 누구도, 그 전통의 기초를 평가하고, 그것의 옳고 그름을 결정할 수 있는 입장에 있지 않다.

"기독교는 잘못된 것이다."라는 진술을 보다 정확히 표현하면 "기독교는 실재에 대한 나의 개인적 견해와 일치하지 않는다." 혹은 "기독교는 내가 속한 공동체의 전제들과 일치하지 않는다."라는 말이다. 그래서 우리가 '전통적인 기독교'라고 부를 만한 것에 대한 계몽주의 비판은 기본적으로 "전통적인 기독교는 내가 공유하고 있는 계몽주의 전제들과 일치하지 않는다"고 말하는 것에 불과하다. 여기에는 어떤 객관적 판단도 이루어지지 않는다.

결국 기독교가 '옳지 않다'는 것을 보여주는 유일한 길은 예수 그리스도의 십자가 죽음과 부활이 절대 일어나지 않았음을 입증하는 것뿐이다. 그리고 이것은 오히려 기독교 신앙에 십자가가 중심이 된다는 것을 강조하는 데 기여한다.

3
십자가와 이 시대의 지혜

최근 학자들이 기독교를 믿지 않는다고 주장하는 텔레비전 프로그램이 만들어지거나 그런 내용의 책이 출판되는 경우가 증가하고 있다. 그런 것들은 주로 학문적 기초가 빈약하고 기독교에 아무 도전이 되지 않는 경우가 많지만, 그러한 것들이 존재한다는 사실은 본서에, 그리고 미래의 기독교 발전 전체에 상당히 중요한 질문을 제기한다.

기독교에 대한 학문적인 연구조사는 얼마나 '공정'한가? 그리고 이러한 학문적 신학이 기독교적 사고에 얼마나 많은 영향력을 발휘해야 하는가?

루터에게 진정한 기독교적 신학은 살아계신 하나님과의 직접적이고 두려운 만남에 기초한 것이었다. 그 만남에서 신자는 그 주제의 심각성과 어려움을 인식한다.

"이해나 독서, 혹은 사색이 아니라 살아있는 것, 더 정확하게 말하면 죽음과 저주가 신학자를 만든다"는 말처럼 루터가 생각한 최고의 신학자는 참되고 겸손한 신자다. 하지만 신학이 대학에서 살아남으려면 중요한 결과가 될 만한 것들을 가지고 그것의 학문적인 자격을 보여주어야 했다.

그렇다면 어떻게 십자가의 어리석음이 대학에서 가르치는 지혜와 조화를 이룰 수 있을까?

보다 심각한 질문은 기독교 신앙의 기초에 관한 것이다. 기독교 신자의 모든 신앙 진술에 도전하려는 학자가 있을 수 있기 때문이다. 이것은 자신들의 신앙이 '공정한' 연구로 입증될 때까지 신자가 자기의 믿음을 버려야 한다는 의미인가? 학계라는 법정으로부터 진위를 평가받지 않고도 신자가 자신의 신앙에 대해 진술할 수 있는가?

이 장에서 나는 학문적 신학자의 역할과 '십자가의 신학'에 관한 대단히 어렵고도 중요한 질문들을 제기하고자 한다. 지난 세기 이후, 이러한 "교수들의 교황적 지위"(마틴 켈러)에 대한 반발이 점점 더 커졌다.

앞에서 우리는 신학이 신앙의 공동체 밖이 아니라 안에서 가장 적절하게 수행된다고 주장할 만한 이유들을 살펴보았다. 이 장에서는 현재 학계에서 신학이 수행되는 방식에 관한 몇 가지 질문을 제기하고자 한다. 이 질문들은 어렵고 때로는 고통스럽지만, 피하기보다는 정직하게 대면해야 한다.

학적 연구의 공정성

학문 활동에 대한 전통적 견해는 그것이 종종 흥미 없고 지루하더라도, 편견 없이 오직 진리를 확증하는 일에만 관심이 있는 개인이 공정한 마음으로 행하는 매우 공정한 추구라는 것이다. 모든 신화와 마찬가지로, 이것은 진리의 어떤 핵심적인 요소에 기초하고 있다. 많은 학자들의 가슴속에는 지금까지 동료들이 주목하지 않았던 역사적 관계를 밝혀내고, 우리가 사는 세상을 이해하는 과정에 도움을 주고자 하는 깊은 열망이 있다. 하지만 그것이 학문적 활동의 특정한 측면들을 덮어주고 넘어가게 해서는 안 된다.

프랑크푸르트학파(프랑크푸르트 대학 부설 사회연구소를 중심으로 활동한 학파로, 비판적 이론 개발로 유명했다)의 비판적 작업은 학자들이 연구를 수행할 때 감춰지고 진술되지 않은 관심사를 탐구하는 것이 필요하다는 것을 보여주었다. 그것은 그들의 연구에 상당한 영향력을 발휘하는, 선언되지 않은 관심사를 말한다.

우리는 특정 연구를 수행하는 학자가 어떤 동기로 그런 연구를 하는가에 대해 면밀히 조사해볼 권리가 있다. 우리가 알아야 하는 숨겨진 관심사, 그의 자료 해석에 영향을 끼칠 만한 관심사가 있는가? 학자들이 특정한 해석으로 기울어지는 성향을 지닌 채 자료에 접근하지는 않는가? 몇 가지 예를 들면 이 점을 이해하는 데 도움이 될 것이다.

안드레아스 도르팔렌은 제2차 세계대전 이후 독일 민주공화당 학자들의 독일 역사에 대한 주요 연구서 『마르크스주의 관점에서 본 독일 역사』(German History in Marxist Perspective)에서, 그런 역사가들이 갖고 있던 마르크스주의적 가설들이 그들의 역사적 연구에 어떤 식으로 영향을 미쳤는지를 대단히 세심하고 주의 깊게 보여주었다. 이러한 영향력은 두 가지 점에서 명백하게 나타난다.

첫째, 역사에 대한 마르크스주의적 해석에 의하면, 중세시대 소작농이 중대한 사회경제적 세력을 형성해야 했다. 그래서 우리는 독일 소작농에 대한 철저한 연구가 시행된 것을 발견한다. 순전히 학적인 관심사 때문이 아니라 역사에 대한 마르크스주의적 이해를 뒷받침하기 위해서다.

따라서 위르겐 쿠친스키의 40권에 달하는 소작농 연구는 여러 면에서 귀중한 역사적 연구서이지만 공정하거나 공평하지는 않다. 여기에는 역사가가 가지고 있는, 선언되지 않은 관심사가 있기 때문이다.

감춰진 관심사의 영향력이 명백히 나타나는 두 번째 방식은 사건에 주어지는 해석이다. 그것은 연구를 수행하는 학자, 혹은 기금이나 다른 식으로 그 학자를 후원하는 사람이 지닌 가정들을 반영한다. 그래서 도르팔렌은 마르크스주의의 역사적 틀의 경직성으로 인해 역사가 어떻게 '다시 기록되었는지'를 지적한다.

물론 이것은 학문에서 선언되지 않은 관심사가 나타난 분명한 경우이며, 학문적 연구 전체의 전형적 특징은 아니라는 점을 지적할 수 있다. 하지만 그것은 종류가 아닌 정도의 차이다.

이와 같이 많은 학문적 연구에는 숨겨진 의제가 있다. 즉 모든 학문적 활동은 어떤 목적에 기여하기 위한 것이다. 그 목적은 학자의 경력을 향상시키려는 것일 수도 있다. 학계에서 경력이 쌓이는 것은 결국 그 학자의 출간된 저술과 평판에 기초하기 때문이다.

진부한 분야를 연구할 때, 학자들은 자신의 저술 출간을 정당화하기 위해 몇 가지 새로운 가설들을 개발하곤 한다. 이전 학자의 견해들을 시인하는 것은 그리 유망한 출간 계획이 아니다! 그 목적은 학자가 특정한 집단이나 학계에서 명성을 확립하려는 것일 수 있다. 시행하는 연구 작업을 통해 그 학자를 후원하는 기관이나 기업에 유익을 주려는 것일 수도 있다.

이 모든 점에서-그중 대부분은 학문적 공동체 안에서 암묵적으로 수용된 것이다-'학문적 활동의 공정성'을 말할 때 어느 정도 주의를 기울이는 것이 필요하다. 그것은 사실 공정한 것이 아니다. 중요한 것은 그 학자의 숨겨지고 선언되지 않은 관심사의 특성과 정도가 그 연구조사에 얼마나 심각하게 영향을 끼치는가의 여부다.

이러한 통찰 중 일부를 학문적 신학자들의 활동에 적용시켜보자.

첫째로, 우리는 학문적 신학자들이 다른 학자들과 다를 바 없으며 자신의 경력 향상에 관심이 있다는 것을 기억해야 한다. 이러한 감춰진 관심사는 비난할 필요가 없다. 하지만 반드시 인식해야 한다! 그런 경력의 향상은 출간물, 특히 그것의 독창성에 따라 좌우된다. 때문에 단순히 전통적인 기독교의 가르침을 승인하는 연구서 출간으로는 별로 얻을 수 있는 것이 없다.

전통적인 기독교적 견해에 도전하는 글을 쓰고 출간하는 동기 중 일부는, 일반적으로 학자는 독창적이고, 창의적이고, 급진적인 사상가가 되어야 한다고 여기는 풍토에서 그렇게 인정받고자 하는 학자의 바람과 그 결과로 나온 책을 팔려는 출판사의 바람이다.

그렇다고 전통적 기독교에 대한 비판적인 저술이 그 저자나 출판사의 비열한 동기에서 나온 것이므로 무시해버려야 한다는 말은 아니다. 다만 그런 관심사들이 실제로 존재한다는 것, 그리고 학계의 '공정성'을 평가할 때 그 점을 반드시 고려해야 한다는 사실을 고통스러워도 인정해야 한다는 것이다. 서구 문화는 학문적 성공을 문화적으로 규정된 견지에서 측정한다. 즉 저술 출판 및 학계 내 지위의 향상이다. 이 점은 무시할 수가 없다.

학자들이 기독교라는 주제를 매우 비판적으로 검토하는 경우가 많다. 자신의 전제와 동기는 어떤 검토도 받지 않은 채 그렇게 하는 것이다. 학문은 그것의 관심사, 전제, 장점을 결정하는 기준 등의 견지에서 볼 때 서구 문화를 반영한다.

프랑크푸르트학파가 보여주었듯이, 우리는 학자 개인이 무엇을 생각하는지 묻는 것으로 만족할 수 없다. 보다 급진적이고, 보다 예리하고, 보다 고통스러운 질문을 던져야 한다. 바로 '그들은 왜 그것을 생각하는가?'이다.

이 점을 강조해온 까닭은 그것이 가장 중요하기 때문이 아니라 너무 자주 간과되었기 때문이다. 나 자신도 수많은 학문적 연구에 종사하는 사람이므로 다른 학자들처럼 이런 고통스러운 관찰의 대상이 되어야 한다.

학적 평가의 '공정성', 혹은 '공평성'에 의문을 제기하기 위해서는 이 점을 분명히 할 필요가 있다.

학자들이 포기하지 못하는 또 하나의 대중적 견해가 있다. 바로 학문적 연구가 부활과 같은 특정한 기독교적 주장의 타당성에 대해 즉각적이고 권위 있는 견해를 제공할 수 있다는 것이다. 특히 대중매체에서는 이러저러한 유명 대학의 교수들을 기독교 신앙의 중요한 문제-예를 들어 예수님이 정말로 죽은 자 가운데서 살아나셨는가 등-의 최종 권위자로 내세우고, 그의 대답이 마치 영구적이고도 명확한 대답인 것처럼 여기는 우울한 경향이 있다.

그 교수 자신은 그가 다루는 주제의 원리가 '결론'으로 제시한 모든 주장을 학문 공동체에서 냉혹하게 평가하고 비판해야 한다는 사실과 세월이 가면 분명 그의 결론들이 도전을 받고 불신을 받게 되리라는 것을 알지만 매스컴에서는 그 사실을 말하지 않는다. 그 이유는 자신의 주장이 학문의 '확실한 결과'로 여겨지는 것을 더 좋아하고, 관련된 질문들을 단순화하려다 보니 과학적 진보에서 매우 중요한 것인 잠정성이라는 개념 자체가 간과되기 때문이다.

그리스도인들이 시간의 시험과 더 광범위한 학문 공동체의 판결을 통과하거나 통과하지 못한 최근의 논증에 비추어 자신의 믿음을 바꿀 수는 없는 노릇이다. 하물며 그로 인해 믿음을 버린다는 것은 생각할 수도 없다! 얼마나 많은 사람이, 이를테면 50년 전의 과학 교과서를 오늘날의 과학 교과서들과 비교해보고, 어제는 그렇게 확신에 찼던 주장들이 지금은 믿을 수 없는 것으로, 구식으로 여겨지는 것을 보았던가! 오래 된 책이 '……라고 알려졌다'고 자신 있게 진술한 것을 현대의 책은 '한때 ……라고 믿었다.'라고 기록한다.

우리는 또한 앞에서 말한 유명 대학 교수들이 모종의 개인적 음모, 피의 복수를 도모하고 있을 수 있다는 불편한 사실도 간과할 수 없다. 그것은 불가피하게 다른 사람들의 견해에 대한 그의 관점과 평가에 영향을 끼친다.

인생의 궁극적 질문들, 이를테면 기독교가 옳은가, 그른가에 대한 명확한 대답을 추구하면서, 학문이 절대적으로 인간적 속성을 지니고 있다는 점이 너무나 자주 간과되며, 이 문제들에 대해 기독교 전통도 똑같이 큰-더 크지는 않다 해도-권위를 갖고 말할 수 있다는 점 역시 간과된다.

이 점을 이 책의 주제와 관련하여 설명해보자. 바로 예수 그리스도의 십자가 죽음과 부활에 대한 해석이라는 주제다. 이 사건에 대해 중립적인 태도를 취하는 것은 불가능하다. 학자들은 예수님의 십자가 죽음의 의미에 대해 '객관적인' 설명을 제공할 수 없다.

신약에서 십자가 죽음과 부활은 가장 중요한 믿음의 사건이며, 신약 자체가 그 믿음을 불러일으키려는 목적을 가지고, 그 믿음 안에서 기록되었다. 신약에 대한 '중립적인', 혹은 '비헌신적인' 학문적 태도로는 그것의 원래 의도-믿음을 불러일으키는 것-에 따라 해석할 수가 없다.

중립성을 표방함으로써 실제로는 이 태도가 신약에서 불러일으키려 하는 믿음에 반대하는 결정이 된다는 사실을 간과해서는 안 된다. 게다가 학자들은 십자가 죽음과 부활에 대해 현대 과학적 세계관의 가설들을 가지고 접근할 것이다. 그 가설은 초대 그리스도인들의 전제들과 다르다. 초대 그리스도인들은 매우 다른 세계관을 가지고 있었으며, 십자가의 의의에 대한 그들의 해석도 그 세계관에 기초하고 있었다. 현대 신약 연구가 나타내듯이, 십자가의 죽음과 부활은 죽은 자들이 장차 부활하리라는 1세기 유대인들의 기대를 통해 그 의미를 부여받는다.

초대 그리스도인들은 이 믿음에 기초하여 예수님의 부활의 의의(예를 들면 하나님 나라 및 역사의 의미와 관련하여)를 깨달았다. '중립적'이라는 학자들은 학문적 초연함과 중도적 입장을 유지하기 위해 이 믿음을 제쳐놓아야 한다. 그들은 절대 부활을 초대 그리스도인들처럼 해석할 수 없다. 결국 그런 학자는 '부활에 대한 기독교적 해석은 지지할 수 없다'는 결론을 내리게 된다. 그러한 연구결과를 보다 정확하게 요약하자면 '나는 부활에 대한 기독교적 해석을 공유할 수 없다.'가 될 것이다. 물론 부활에 대한 기독교적 해석이 그가 개인적으로 공유하고 싶지 않은 다른 전제들과 일관성을 지닌다고 인정할 수도 있다. 하지만 그는 부활에 대한 기독교적 해석을 평가할 위치에 있지 않다.

비슷한 견해가 십자가 죽음에 대한 해석에도 적용된다. 십자가 죽음에 대한 기독교적 해석은 매우 복잡하며 수많은 전제에 의존한다.

예를 들어, 십자가 죽음에 대한 바울의 해석(갈 2:19-21; 3:13)에는 나무에 달린 자는 하나님의 저주 아래 있으며, 그 결과 언약 공동체로부터 배제되었다는 구약의 개념이 포함된다. 공정하다는 학자가 이런 믿음을 공유하지 않는다면, 그는 십자가 죽음의 의의에 대해 바울과 똑같은 해석에 도달하지 않을 것이다.

덧붙일 필요도 없겠지만, 이것은 바울이 잘못되었다는 의미가 아니다! 다만 현대의 학자들이 신약을, 십자가 죽음과 부활에 대한 기독교적 해석을 평가하거나 비판하는 것이 불가능하다는 점을 지적하는 것이다.

이 부분에서 나는 기독교 신앙의 중심에 있는 중대한 수수께끼와 관련하여 학문과 학자의 역할에 관한 몇 가지 어려운 질문을 제기했다. 그리고 그 수수께끼에 대한 궁극적인 해석은 기독교 전통 바깥에 있어야 한다고 시사했다.

이것은 기독교 전통이 성경적 학문의 확증된 결과들을 무시해도 된다는 의미가 아니다. 기독교적 전통이 현대의 비판적 학문에서 나온 결과들에 의존하는 것이 아니라, 기독교 신앙의 기초를 파괴하지 않고 잘 다듬어줄 지식을 통해 그런 학문의 폭정에서 해방될 수 있다는 의미다. 성경 및 십자가에 달리시고 부활하신 그리스도에 대한 성경적 증거를 해석하기에 적절한 곳은 대학의 세미나실이 아니라 기독교 신앙 공동체다.

이에 대한 몇 가지를 더 살펴보기 위해 19세기와 20세기 초에 생겨난, 십자가에 대한 자유주의적 개신교의 이해를 고찰해볼 것이다.

자유주의적 개신교와 십자가

지금까지 십자가와 부활의 해석에 관해 기독교 전통 안에 연속성이 발견된다는 것을 일관되게 강조해왔다. 교회는 언제나 바울—그의 통찰은 때로 너무 급진적이어서 위로에 적절하지 않을 때가 있다—의 가르침을 순화시키려 했지만, 기독교 교회 안에는 십자가에 달리신 예수님의 부활이 인간 역사의 결정적인 전환점이며, 인간의 상황에 대해 말하지 않은, 심지어 말할 수 없는 의미를 지닌 것이라는 진정한 인식이 있었다.

하지만 18세기 말에 계몽주의가 서유럽과 미국 학계를 강력하게 사로잡으면서 교회가 예수를 완전히 오해했다는 확신이 점차 커지게 되었다. 바울과 다른 사람들이 어떻게 생각했건, 기독교 신앙의 중심이 되는 것은 십자가와 부활이 아니라 하나님 나라에 대한 바울의 선포, 그리고 그것이 가져온 새로운 윤리적 가치관이었다.

예수님의 사역, 즉 기독교 사역의 중심이 되는 특징은 예수님의 윤리적 가르침과 그분의 '종교적 성격'이었다. '자유주의적 개신교'란 일반적으로 계몽주의에 익숙해진 유럽과 미국 문화의 합리주의, 도덕주의, 자연주의와 조화를 이루어 기독교를 재해석하려 했던 운동에 붙여진 이름이다. 그리고 우리는 지금 바로 그 운동을 살펴보려 한다.

자유주의적 개신교는 19세기 말부터 20세기 초까지 서유럽과 미국 양쪽에 대단한 영향력을 지니게 되었다. 그들에게는 '하나님의 아버지 됨과 인간의 형제 됨'이라는 복음이야말로 예수님의 십자가 죽음과 부활에 대한 해석의 어려움을 피한, 지적으로 받아들일 만한 복음이었다.

예수님이 그저 모든 사람이 철학을 통해 알고 있는 것과 똑같이 진부한 것을 제시하고 있는 것처럼 보일지 모르지만, 자유주의 개신교도들은 예수님이 자신의 원리들을 위해 죽으심으로 고전 철학자들(소크라테스를 제외하고)을 뛰어넘었다고 지적했다. 그들에 따르면 예수님이 왜 십자가에서 죽으셨는지는 분명하지 않지만, 그렇게 함으로써 중요한 종교적 주장을 하셨다.

인간 문명에 대단히 필수적이고 유익한 자기부인과 희생의 개념은 십자가에서의 자발적 죽으심으로 완벽하게 예시된다. 그러면서 미천한 인간들에게도 똑같이 그렇게 하라고 고무하는 것이다. 물론 예수님도 다른 모든 사람들과 마찬가지로 죽을 수밖에 없는 인간이었다. 다른 점은 다른 사람들도 행할 수 있지만 그것에 대해 알지 못했던 모든 일을 어떻게든 행하셨다는 것이다. 그래서 예수님의 삶과 죽음은 모든 사람이 할 수 있는 것을 보여준다. 그리고 모두에게 예수님의 본을 따르라고 고취한다.

이처럼 자유주의적 개신교는 축소된 형태의 기독교를 나타낸다. 거기에 십자가와 부활의 신비는 제거된다. 예수님이 십자가에서 죽으신 것은 그분의 개인적 본보기와 성품의 위대함을 한껏 보여주는, 그의 가르침과 사역의 절정으로 여겨진다. 또한 '율법의 저주'나 '부활' 등의 개념은 가장 강력한 종교적 인물의 단순한 이야기를 투박하게 윤색한 것으로 여겨졌다.

바울에서부터 18세기 말에 이르기까지 기독교 전통은 십자가 죽음과 부활에 집중하면서 예수 그리스도의 의미를 심각하게 오해했다.

그에 반해 자유주의적 개신교에서는 기독교 신앙의 본질적 특징이 예수님의 도덕적이고 영적인 가르침에 있다는 것이 분명했다. 그 가르침에서 예수님은 19세기 부르주아 서유럽 사회가 선하고 영적으로 귀중하다고 생각했던 많은 것을 내다보면서 자신이 놀랄 만큼 현대적이라는 것을 보이셨다.

이런 이유로 자유주의적 개신교는 복음서에 집중했고, 동시에 바울 서신을 십자가와 부활에 사로잡힌, 예수에 대한 다소 잘못된 해석으로 취급하는 경향을 보였다. 그들에게는 그것을 바로잡을 임무가 있었다. 그리고 복음서(하나님의 심판이나 부활처럼 믿을 수 없는 개념들을 언급한 난해한 부분을 제외하고)에서는 하나님 나라의 새로운 의가 발견되어야 했다. 기독교 사회는 그 의에 윤리의 기초를 두었다. 예수님의 죽음으로부터 기독교 사상의 처음 18세기까지는 예수님을 철저하게 잘못 이해했다(일부러 그런 것이라기보다는 우연히). 대학의 학자들이 기독교의 정체성과 적실성을 둘 다 회복시켜준 것은 행운이었다.

물론 초대 그리스도인들은 '지극히 강력한 종교적 인물'과 같은 현대적 개념을 몰랐으며, 예수 그리스도와 (그들 나름의) 믿음의 정체성과 적실성에 관한 기초를 십자가와 부활에 두기 원했다. 부활을 목격한 사람들로서는 부활이 불가능한 일이라고 선언한 역사에 대해 마음의 준비가 되어 있지 않았을 것이다.

예수 그리스도보다 2천 년 후에 살았던 사람들이, 예수와 같은 1세기의 팔레스타인 배경을 가지고 예수를 직접 알았던 사람들보다 그를 훨씬 더 잘 이해할 수 있다는 놀라운 사실은 역사에 대한 과학적 연구의 새로운 진전으로 여겨졌다. 자유주의적 개신교가 제안한 하나님의 섭리에 의하면, 기독교적 신앙은 초대 그리스도인들의 잘못된 노력을 통해 왜곡되고 곡해되었다. 그러다가 마침내 '공정한' 유럽 학문이 그것의 정체성과 적실성을 회복시켜줄 날이 밝아온 것이다.

이 이론을 지지하는 사람이 쓴 다음의 찬송가 가사가 그것을 설명해 준다.

> 사람의 아들, 그가 다스리신다.
> 모든 하나님의 은혜가 그의 것이다.
> 신조들을 꿰뚫고, 그의 특징들을 세밀히 살핀다.
> 그분을 있는 그대로 보라.

그들은 '신조들을 꿰뚫어 봄'으로써 원래 예수에게 부과되었던 교의적 구조를 제거하고, 인식하고 신뢰할 수 있는 진짜 예수의 초상을 드러낼 수 있다고 믿었다. 즉 예수라는 역사적 인물에 기초해서 기독교가 재건될 수 있다고 믿었던 것이다.

그것은 꿈처럼 보였고, 실제로 꿈이었다. 부지불식간에 자유주의적 개신교는 그저 예수 그리스도라는 먼 역사적 인물에게 자신의 문화적 가치관과 관심사들을 투사했을 뿐이다. 몇 십 년 만에 신약 학계는 복음서의 본질에 대한 그러한 이해를 불신하게 되었다. 당시에는 그것이 '현대적'이었으나 모든 '현대적' 견해와 마찬가지로 역사의 관점에서는 단명한 것으로 여겨지는 이해였다. 주의 깊고 책임 있는 학적 연구에 비추어볼 때 예수와 바울 간의 철저한 단절 이론은 빛을 잃기 시작했다.

점진적으로 십자가와 부활이 실제로 초기 기독교 복음의 중심이었으며, 스스로 '기독교적'이라고 자임하는 모든 신학의 중심이 되어야 한다는 인식이 영향력을 얻기 시작했다. 십자가의 신비를 철저히 제거한 기독교의 해석은 기독교의 왜곡이라는 것이 드러났다. 실로 많은 사람이 그것이 과연 기독교에 대한 해석인지 물어야 했을 정도다. 그것이 십자가 죽음과 부활 중심의 기독교 전통과 거의 연관관계가 없음을 보여주었기 때문이다.

그렇다면 자유주의 개신교가 기독교의 한 갈래였는가, 아니면 기독교 전통과는 말초적인 연관밖에 없는, 문화적 가치관과 관심사에 기초한 새 종교였는가?

자유주의적 개신교의 여파

서유럽에서나 미국에서의 자유주의적 개신교의 발전과 그 이후의 쇠퇴는 본 연구에 상당히 중요하다. 그렇다면 그 운동은 십자가를 어떻게 이해했는가? 두 가지를 살펴볼 수 있다.

첫째, 십자가의 신비가 제거되었다. 초대교회는 십자가가 문화를 판단하는 기초가 되어야 한다고 주장했던 반면, 자유주의적 개신교는 사실상 이 순서를 바꾸어버렸다. 즉 문화가 십자가를 판단하는 기초였다. 그리고 십자가는 신적 심판 등 19세기가 받아들일 수 없는 조잡한 개념으로 둘러싸인, 뭔가 부족한 것으로 여겼다. 이와 같이 자유주의적 개신교조차 십자가를 완전히 제거하지 못했다는 것은 기독교 전통이 십자가에 대해 갖는 집착이 얼마나 강한지를 입증해주는 증거가 된다. 그러나 자유주의적 개신교는 부활하신 구세주를 죽은 순교자로 바꾸어버림으로써 십자가가 지닌 신비적 특성을 부득이 제거했다. 그렇게 십자가는 교화되고 길들여져 그 힘을 빼앗겼다.

둘째, 널리 보급되어 있는 지적·문화적 전제와 관심사들이 기독교의 정체성과 적실성을 판단하는 기준으로 격상되었다. 기독교 전통이 자신의 정체성을 판단하는 내적 기준-십자가에 달리시고 부활하신 그리스도-을 인정한 반면, 자유주의적 개신교는 외적 판단 기준-현대의 지적·문화적 가치관들-을 인정했다. 그래서 복음(논증을 위해 여기서는 자유주의적 개신교를 명백히 퇴보된 형태의 기독교로 간주한다)은 벗어날 수 있는 내적 수단 없이 주어진 문화적 상황에 갇히게 되었다.

자신의 정체성을 판단하는 불가해한 내적 기준-십자가의 해석과 축소에 저항하는 것에 관하여는 뒤에서 더 살펴볼 것이다-을 제거함으로써, 기독교 전통은 특정한 문화적 상황에 갇히는 것을 피할 수 없게 되었다. 외적 판단 기준을 십자가에 대한 신학적 평가에 적용한다는 것은 사실상 기독교적 전통의 본질과 다른, 문화적으로 규정된 이데올로기적 비판을 적용한다는 의미다. 그리고 그것은 결국 기독교 전통을 위태롭게 한다.

자유주의적 개신교의 '그리스도에 대한 묘사'(십자가의 신비를 제거하는 것)가 지닌 기묘한 측면 중 하나는 계몽주의 때부터 이어져 내려온 것으로, 예수님을 그분의 동시대인들보다 더 잘 이해할 수 있다는 믿음이다. 초대 그리스도인들은 예수님을 심각하게 오해했다. 하지만 신약 자료들을 공평하게 분석함으로써 진짜 예수를 발견할 수 있다. 역사적 인물이신 예수님과 십자가에 달리시고 부활하신 믿음의 예수 간에 다리가 아닌 간격이 벌어져 있다면, 이 간격을 넘어서 진짜 예수가 현대에 들어오게 해야 한다.

19세기의 교수들이 어떤 사람에 대해 이야기하면서, 그와 동시대를 살면서 그를 직접 알았던 사람들보다 책을 통해 그를 더 잘 알 수 있다고 추정했다. 그러한 허세와 무모함에 감탄할 뿐이다! 이 말은 곧 새로운 예수를 찾고 궁극적으로 발견하는 데 있어서 그분에 대한 전통적인 기독교적 이해가 필요 없다는 말이다.

이것이 지금은 완전히 불가능한 것으로 인식되지만 그때는 가능한 것으로 생각되었다. 소박하고 실제적인 종교적 선생인 한 인물이 십자가에 달리고 부활하신 주님이라는 개념에 가려져 있다는 믿음이 널리 퍼져 있었다. 그리고 그 개념이 제거될 때, 진짜 예수를 발견할 수 있다고 생각했다.

특히 흥미로운 것은 자유주의 개신교의 전제들이 지닌 순진함-지금은 책임 있는 신약 학자들이 그것을 부적절한 것으로 간주해서 무시한다-이 아니라 그 결과로 나타난 '그리스도의 초상'이다. 모든 '재발견된 예수'는 그를 재발견한 사람과 놀랄 만큼 비슷해 보이기 때문이다!

자유주의적 개신교의 시기에 그려진 '예수님의 초상'들은 인정받지 못한 자화상의 수집물이다. 이후의 비평가들이 그 운동에 대해 지적한 것처럼, '재발견된' 예수는 중산계급의 문화적 가치를 이상화시켜서 결합해놓은 것으로, 재발견한 자의 문화적 상황과 열망을 반영한다.

자유주의적 개신교는 계몽주의라는 안경으로 예수를 보았으며 계몽주의의 "기준점의 틀"(폴라니) 안에서 작용했다. 그것을 옹호하는 사람들은 부지불식간에 그들의 문화적 전제들을 실재에 대한 관점으로 바꾸었다. 그 관점은 예수가 어떠해야 하는지 지시했으며 그것에 기초해서 예수의 진정한 모습과 진정한 의의를 주장했다.

이 운동에 대한 가장 유명한 견해는 아마도 조지 티렐이 20세기 초기에 쓴 글일 것이다. 그것은 예수에 대한 아돌프 폰 하르낙의 견해(많은 사람이 자유주의적 개신교의 절정이라고 인정하는)를 반영한다. '하르낙이 19세기 동안의 보편적인 어둠을 뚫고 되돌아보는 그리스도는 깊은 우물 바닥에 비치는 한 자유주의적 개신교도의 그림자일 뿐이다.'

자유주의적 개신교는 예수 그리스도에 대한 자신들의 평가가 십자가의 불가해함을 제거하고, 18세기까지 전통적인 기독교가 이해해온 십자가의 의미를 단절할 수 있는 '객관성'을 지니고 있다고 주장했다.

지금은 그러한 주장이 터무니없는 것으로 인식된다. 하지만 당시에는 그것이 진지하게 여겨졌다. 객관성에 대한 얼마나 더 많은 주장을 견뎌야 하는가? 이제 예수 그리스도의 의의에 관한 모든 판단이 헌신을 포함한다는 것을 깨달아야 하지 않을까? 십자가의 의의를 평가하려는 사람 모두가 그것을 인정할 준비가 되어 있든 아니든, '기준점의 틀' 안에서 그렇게 한다는 것을 인식할 때가 아닌가?

기독교 전통은 그것이 '기준점의 틀'이라는 맥락 안의 '선(先)이해'를 가지고 예수 그리스도와 십자가에 접근한다는 것을 분명하게 인정한다. 다른 사람들이 '객관성'을 표방하려는 부분에서 그토록 솔직한 것에 대해 칭찬을 받아야 할 것이다. 기독교 전통의 역사적 연속성- 십자가에 달리셨다가 부활하신 그리스도의 의의에 대한 구체적 해석이 한 세대에서 다음 세대로, 초대 그리스도인 세대에서 현재까지 유지되고 전달되었다는 의미로-은 십자가의 의미에 권위 있는 해석을 내릴 수 있는, 가장 믿을 만한 지침이다.

기독교 전통의 '선(先)헌신'-계몽주의 사상가들(다른 '기준점의 틀' 안에서 움직였던)은 그것을 무도한 위법 행위로 간주했고, 그것 때문에 기독교 전통이 예수님에 대해 신뢰할 만한 통찰을 제시할 자격을 상실한다고 보았다-은 이제 모든 이해 과정에서 필수적인 것이 되었다.

캔터베리의 안셀무스의 말이 실로 진지하게 받아들여진다. 바로 "나는 이해하기 위해 믿는다"는 것이다.

폴라니는 이와 똑같은 정서를 표현하면서 아마도 다음과 같이 바꾸어 표현할 것이다. "나는 이해하기 위해 기준점의 틀 안에서 움직인다"고 말이다. 기독교가 바로 그런 전통적인 틀 안에서 작용했다는 것이 예수 그리스도의 의의에 대한 권위 있는 이해에 불리하게 작용하지 않으며, 폴라니와 가다머의 통찰이 보여주듯이, 오히려 그 주장을 강화하는 데 일조할 수도 있을 것이다.

때문에 기독교 신학은 학문적 진실성 면에서 기독교 전통이 부과한 제한들과 더불어 작용할 수밖에 없다. 신학은 실로 '하나님에 대한 담화'다. 하지만 기독교 신학은 궁극적으로 기독교 교리, 윤리, 예배, 영성의 기초가 되는, 하나님에 대한 이해와 이야기 방식이다.

어떤 신학이나 하나님에 대한 사고, 이야기 방식을 '기독교적'이라고 칭하는 것은 그것이 옳거나 그르다고 말하거나 다른 신학에 이의를 제기하는 것이 아니다(물론 필연적으로 그것이 뒤따를 것이다). '기독교적'이라는 용어에는 단지 시공간적으로 널리 확장되는, 포괄적이고 널리 스며 있는 공동체 전통이라는 의미가 수반된다. 학문적 진실성(다른 것은 고려하지 않는다 해도!)은 그것을 인정하고 그것을 우리 사고에 통합시킬 것을 요구한다.

자신과 자신의 신학을 '기독교적'이라고 하는 신학자는 그가 속한 복합적 전통에서 벗어날 수 없다. 즉 미지의 영토를 탐구할 수 없다는 것을 인식해야 한다.

오히려 그는 자신이 긴 전통―무엇이 '기독교적'이고 무엇이 그렇지 않은지 주장할 수 있는 공동의 믿음을 증거하는―의 흐름 속에서 전해져 내려온 태도들, '사전 이해', 믿음을 제시받는다는 사실을 인식하지 않을 수 없다.

그리고 계속 강조했듯이, 그 공동의 믿음은 십자가 형태다. 신학자가 자신의 믿음, 태도, 사전 이해 등을 확고히 굳히면서 사적인 종교의 세계로 물러나면, 자유주의 개신교가 인상적으로 수행했던 일들을 감행하는 모험을 무릅쓰게 된다.

그것은 기독교와 아주 미미하게 연관된 새로운 종교―교양 있고 학구적인 사람을 위한 종교―임을 나타내기 위해 기독교 전통과 단절하는 것이다.

기독교 신학과 기독교 예배

최근 학문적 신학에서 발전한 것 중 하나는 그리스도인들이 예배를 드리는 방식이 신학적으로 중요하다는 인식이 증가하는 것이다. 5세기 교회에서 비롯된 유명한 말이 있다. "기도하는 방식이 믿는 방식을 결정한다"(lex orandi, lex credendi).

즉 그리스도인이 예배하고 기도하는 방식은 그들이 하나님에 대해 생각하는 방식에 결정적인 영향을 끼친다. 학문적 신학은 이런 통찰을 회의적으로 대하는 편이다. 그럼에도 불구하고, 그리스도인들이 예배하는 방식을 그들이 하나님에 대해 생각하는 방식과 분리시킬 수 없다는 인식이 점차 늘고 있다.

한 가지 예를 들면, 그리스도인들은 마치 그리스도가 하나님이신 것처럼 그리스도를 예배하고 그분께 기도했다. 다시 말해 그들은 예배와 경배에서 예수님을 하나님의 지위를 가진, 심지어 하나님과 동일한 분으로 대했다. 신약성경이 이것을 입증하며 그 후로도 계속해서 입증되었다.

점차 더 강력하게 주장되고 있는 분명한 점은 다음과 같다. 곧 신자가 신학을 연구할 때는 그의 믿음과 예배를 드릴 때의 믿음이 서로 다르지 않다는 것이다. 예수가 그저 선한 사람이라고 느끼는 신학자는 그분이 마치 하나님인 것처럼 예배하거나 그분께 기도하는 일에 당혹감을 느낄 것이다(혹은 느껴야 한다).

이에 대한 가장 유명한 역사적 사례는 4세기의 아리우스 논쟁에서 찾아볼 수 있다. 아리우스는 예수님이 어떤 의미에서든 '하나님'으로 묘사될 수 없다고 주장했다. 예수님은 우리와 마찬가지로 하나의 피조물이었다. 가장 멋지고 탁월한 피조물인 것은 분명하지만 어쨌거나 피조물인 것이다.

아리우스의 대적들, 이를테면 아타나시우스 같은 사람들은 그리스도를 예배하고 그분께 기도하는 교회의 보편적 관행을 지적하여 아리우스를 곤경에 빠뜨릴 수 있었고, 아리우스와 그의 지지자들은 그 곤경으로부터 완전히 벗어날 수 없었다. 아리우스에 따르면, 이것은 교회가 존재하는 내내 피조물을 경배하는 죄를 짓게 만들었다. 다름 아닌 '우상숭배'로 말이다.

하나님만이 경배를 받으셔야 하며 그분께만 기도드려야 한다. 따라서 만일 그리스도가 하나님과 동일시되지 않는다면, 그리스도인들은 예배와 기도에서 우상숭배의 죄를 짓는 것이었다. 그런 관점에 기초하여, 아리우스와 그의 지지자들의 견해는 기독교 신앙과 일관되지 않는다고 선포되었다.

아리우스의 논쟁 및 그와 유사한 다른 논쟁들은 그리스도인들의 예배 방식이 기독교 전통을 형성하는 데 매우 중요한 요소라는 것을 확증해주었다. 우리는 신약성경에서도 '성찬 의식문'을 찾아볼 수 있다. 특히 바울은 그것을 가끔 인용했다. 아마 사람들이 이미 그것에 익숙하다는 전제 하에 그랬을 것이다(일례로 빌립보서 2장 6-11절을 보라. 또 다른 예는 디모데전서 3장 16절에서 발견할 수 있다). 그리고 이미 강조한 것처럼, 그리스도인들이 예배하는 방식에 깊이 새겨져 있는 것은 십자가에 달리신 그리스도의 부활이다.

앞에서 보았듯이 성찬 의식은 기독교적 이야기를 권위 있게 다시 말하는 것으로, 십자가 죽음과 부활이 하나님과 세상에 대한 기독교적 이해의 중심이 된다는 것을 분명하게 보여준다.

성찬 예식(성찬식)은 그리스도의 십자가 죽음에 초점을 맞춘다. 떡은 신자들을 위해 주어진 그리스도의 몸을 상징하고 포도주는 신자들을 위해 흘리신 그리스도의 피를 상징한다. 이 예배에서 예수 그리스도께서 신자를 위해 죽으신 것이 지닌 적실성이 말과 행동으로 강조된다.

자신의 교회를 위해 십자가에 달리신 그리스도의 죽음을 엄숙하고 강렬하게 선포한 후, 그가 부활하셨다는 사실을 알게 된 순전한 기쁨으로 분위기가 바뀐다. 기독교 예배는 십자가에 의해 형성된다. 그리고 신학자가 교회의 예배로부터 소외되지 않았다면 그의 신학 역시 십자가로 이루어져야 한다. 교회의 마음과 정신은 그것과 분리될 수 없으며 십자가의 통일성 안에서 함께 세워져야 한다. 바울과 신약을 통해, 초대교회를 통해, 그리고 궁극적으로는 우리까지, 십자가 죽음과 부활에서 비롯된 기독교 전통은 그 정체성과 연속성을 확립하고 보존하는 예배와 기도에서 구현된다. 마찬가지로, 스스로 '기독교적'이라 칭하는 신학적 통찰도 이 예배와 기도에 기인해야 하며 믿음의 공동체 안에서 수행되어야 한다. 이 전통이야말로 그 어떤 것보다 진정 기독교적인 신학이라고 주장할 수 있는 우선권을 지닌다. 기독교 신학은 하나님과 세상에 대해 적어도 다른 신학과는 다른 견지에서 말해야 한다. 신학자이든 아니든 모든 신자의 생각은 십자가에 달리시고 부활하신 그리스도가 중심이 되며, 반드시 계속 그래야 한다.

십자가로 돌아가라

15세기 말부터 16세기 초까지 인문주의자나 개혁주의자 할 것 없이 많은 저자가 "ad fontes"라는 표어에 기초한 개혁과 갱신 프로그램을 채택했다. 그것은 "근본으로 돌아가라"는 말이다.

그들은 복잡하고 부적절해 보이는 많은 신학적·교회적 저술에 염증을 느끼고 후대의 발전들을 완전히 무시한 채 그런 주장을 펼쳤다. 그들은 후기 중세 사상의 얽히고설킨 복잡한 것들과 씨름하기보다는 그것들을 무시하고 지나쳐버리고 기독교 신앙의 문서 자료, 그중에서도 특히 성경으로 나아가 그것이 그처럼 웅변적으로 증거하는 영적 경험을 다시 포착하는 것이 바람직하다고 여겼다.

기독교의 전통적 흐름은 그 원천에서 가장 순수하지 않았는가? 때문에 그들은 기독교 신앙의 원천에 직접 호소함으로써 기독교가 태동한 시절에 초대 그리스도인들이 경험한 것을 현대에도 경험할 수 있다고 믿었다. 그래서 성경은 기독교 신학의 교과서가 아니라 부활하신 그리스도의 살아있는 실체를 직접 만난 사람들의 성찰로 읽혀졌다. 독자 자신이 그 동일한 만남을 경험하게 하기 위해서다.

현대를 살아가는 신자는 대단히 쉽게 이 프로그램에 동화될 수 있을 것이다. 많은 학문적·교회적 논의의 지루함과 무의미함에 염증을 느끼는 현대의 신자들은 그런 억압에서 해방되어 초대 그리스도인들의 믿음을 다시 경험하는 자유를 누리기 원한다. 기독교 전통이 큰 강에 비유된다면, 오늘날의 신자들은 그것을 완만하고, 지루하며, 대단히 오염된 흐름으로 느낀다.

그들은 한때 순전함과 활력으로 분출되던 것을 이제는 경험하지 못하게 되었다는 것을 안다. 왜 이런 억압을 당해야 하는가? 왜 오늘날에는 십자가에 달리셨던 분이 죽은 자 가운데서 살아나셨다는 것을 알고 크게 기뻐할 때 초대 그리스도인들이 느꼈던 순전한 활력과 충만함을 경험할 수 없는가? 왜 우리는 한때 세상에 밝게 비추었다가 지금은 학자들의 관심사와 공식의 덫에 빠져버린 흥분과 경이감을 되찾을 수 없는가? 신학자들과 교인들은 기독교 신앙의 타다 남은 불을 보관하고 있는 사람처럼 보이지만, 실제로는 그 꺼져가는 불이 다시 한 번 불꽃으로 활활 타오르게 해야 할 사람들이다.

기독교 신앙은 흥미로운 사상과 개념에 대한 것이 아니라 살아계신 하나님과의 만남이다. 그리고 이 책 앞부분에서 강조한 것처럼 기독교 전통은 초기부터 현재에 이르기까지 이 만남이 예수 그리스도의 십자가와 부활을 통해 일어난다고 주장해왔다.

이 점에서 기독교 전통의 연속성이 우리로 하여금 대담하고, 급진적이고, 흥미진진한 발걸음을 내딛게 한다. 우리가 직접 그 원천으로 돌아가, 신약성경 곳곳에서 그런 활기를 재경험하고 재포착하며, 성경이 그토록 활발하게 증거하는 믿음을 현대에 가져오게 하는 것이다. 우리는 수세기 동안의 난해한 신학적 추측들과 싸울 필요 없이, 십자가로 돌아가서 그것이 우리와 우리의 현재 상황에 지닌 의미가 무엇인지를 깊이 생각해보아야 한다.

우리와 십자가 사이에는 제거되어야 하는 여과 장치들—이론, 가설, 그리고 이러한 것들을 끊임없이 다듬는 것—이 놓여 있다. 그리고 그 모든 것이 기독교 신앙의 원천과 기반으로 돌아가려는 사람들을 방해해왔다. 기독교는 교회가 시작되었던 곳, 즉 예수 그리스도의 십자가 죽음과 부활로 돌아가는 법을 배워야 한다. T. S. 엘리엇이 이렇게 말했다.

> 우리는 탐구를 멈추지 않을 것이다.
> 그리고 우리의 모든 탐구의 끝은
> 우리가 출발했던 곳에 도착하여
> 처음으로 그곳을 알게 되는 것이다.
> – 『리틀 기딩』(Little Gidding)

이 책은 기독교 신앙의 탄생지, 즉 오늘날 우리에게 도전을 주고 우리를 양육하는 믿음의 원천으로 돌아가는 것에 대해 다룬다. 그것이 오늘날의 상황에서 우리에게 말하게 하기 위해서다. 루터가 앞서 발견했듯이 그것은 참신하고, 기운을 돋우며, 큰 파장을 일으키는 시도다. 하지만 교회와 기독교 신앙이 자신의 정체성과 적실성을 잃어버리지 않으려면 반드시 그것을 시행해야 한다. 그래서 우리는 그 중대한 신비를 직접 대면할 것이다. 그렇게 해야만 본향으로 향하는 여정을 시작할 수 있다. 기독교 신앙에서 십자가가 갖는 적실성은 무엇인가? 그리스도인과 기독교 교회에 말이다. 이제 우리는 이러한 질문들을 다룰 것이다.

2부

십자가의
적 실 성

4
십자가에 대한 해석

　기독교 신앙의 뿌리로 돌아가 그 뿌리를 재발견하는 것은 십자가에 달리신 분의 부활이라는 신비로 돌아가는 것이다. 기독교 신앙은 바로 이 신비-심오한 모순의 경험, 당시 주어진 어떤 개념의 견지에서도 풀 수 없는 수수께끼-에 기원을 둔다. 그리고 이 개념들이 부적절하다는 것을 보여줌으로써, 하나님이 그분의 세상에서 임재하시고 활동하시는 방식을 재고할 수 있는 길이 열렸다.
　어떻게 하나님의 영광과 지혜와 엄위하심이 정죄받고 죽어가는 한 사람을 통해 계시될 수 있었는가? 어떻게 율법을 성취하고 자기 백성을 구속하러 오신, 하나님께서 택하신 메시아가 그 율법 아래 있는 사람들에게 정죄받고 처형당할 수 있었는가?

예수 그리스도의 운명은 이해하기 어렵다. 그리고 그 신비는 우리가 '부활'이라고 부르는 놀라운 사건으로 해결되기보다 오히려 더 심화되었다. 부활을 통해 십자가에 달린 바로 그 사람이 죽음뿐 아니라 시간과 공간의 속박과 경계를 벗어나 자유케 되었다는 것이 명백해졌다. 무슨 일이 일어난 것인가? 그리고 그것은 무엇을 의미하는가?

십자가의 신비

'십자가의 신학자'가 된다는 것은 십자가가 해석의 대상이 될 수 없음을 인식하고, 우리가 절대 그 의미의 온전한 깊이를 다 측량할 수 없음을 인정하는 것이다. 우리는 십자가의 의미를 다 이해하는 척하는 태도와 한 세대가 다른 세대에게 십자가의 의미를 강요할 수 있다고 암시하는 태도를 모두 버려야 한다. 어떤 상황에 처해 있든지 각 세대는 십자가 자체로 돌아가는 법과 거기에서 "십자가에 달리시고 감춰지신 하나님"(루터)을 만나는 법을 배워야 한다. 기독교 교회 역사 중 많은 시기에 그런 통찰이 무시되었다. 중세 시대의 위대한 스콜라 철학적 신학은 "위대한 지성의 대성당"(에티엔 질송)으로 묘사되었다. 그것은 안정, 조직, 영구함을 시사한다. 하지만 십자가의 신학은 유목민들이 여러 지역을 이동하면서 세우던 장막과 비슷하다. 그것은 자신이 처하게 된 장소에 적응하지만 거기에 속박되지는 않는다. 그리고 또 다른 문화적 상황으로 옮겨갈 때, 그곳에 뿌리를 내리기 위해 이미 손에 넣었던 문화적 옷을 벗어버릴 수 있다. 종종 지적된 것처럼, 위대한 성육신 구절(요 1:14)은 "말씀이 육신이 되어 우리 가운데 그의 장막을 펴고 거하시매"라고 번역하는 것이 가장 좋다.

십자가의 신학이 지닌 강점 중 하나는 그 어떤 문화적 요소도 사실상 존재하지 않는다는 것이다. 그것은 유대인에게나 헬라인 모두에게 선포할 수 있으며 그들 각각의 문화에 뿌리내릴 수 있다. 그러나 절대 어느 한 문화에 갇힐 수 없다. 그것의 정체성과 자기 비판이라는 내적 원리 때문이다. 또한 그것은 "십자가의 도"(고전 1:18)가 선포된 이후에 일어난 여러 변형된 형태의 인간 문화와 자기 이해를 초월한다. 기독교는 어떤 문화적 상황도 규범으로 인식하지 않으며, 동시에 모든 문화적 상황에 순응할 수 있다. 그것을 내부로부터 변혁시키기 위해서다. 기독교는 적응하고 생존하는 내재적 능력을 가지고 있다. 그것은 결코 기독교 신학자들이 마음대로 사용하도록 허용된 것이 아니다.

영국과 프랑스의 대성당들이 이제는 지나간 과거로 인식되는 것처럼, 기독교 신학의 많은 위대한 체계들도 현대 교회에 부적절한 것으로 인식되어야 한다. 그 신학적 체제들은 다른 시대에 기초를 두며, 기독교 복음의 위대한 자산 중 하나인 융통성과 적응력도 가지고 있지 않다. 역사적으로 기독교 교회는 이 자산을 사용하는 데 계속 실패했다. 각 시대마다 십자가에 달리신 그리스도의 생소하고도 뇌리에서 떠나지 않는 부르심을 느끼는 사람들 앞에 문화적 장애물들을 두었기 때문이다. 복음에 부착된 이러한 주변적인 문화적 첨가물을 제거하거나, 적어도 의도적으로 최소화하는 것이야말로 오늘날 기독교 신학자와 변증가들이 직면한 가장 중요한 과업 중 하나다. 우리는 나머지 장에서 이 주제에 대해 살펴볼 것이다. 먼저 어떤 신학자들이 유사 철학적 신앙 체계를 발전시키기 위해 역사로부터 후퇴하고, 기독교 신앙의 명확한 역사적 토대를 무시하는지 그 경향에 주의를 기울여야 한다.

앞에서 강조했듯이 기독교 전통은 주로 원리와 개념, 사상에 관한 것이 아니라 하나의 역사적 사건-예수 그리스도의 죽음과 부활-에 관한 것이다. 그 사건의 의미는 그 사건의 결과로, 성경에 의해 결정된 맥락 안에서, 그런 사상과 개념, 원리들의 견지에서 전개되고 표현된 것이다. 십자가의 순전한 신비와 지속적으로 씨름하면서, 세상에 나타난 하나님의 임재와 활동의 성질을 이해하는 하나의 유형이 발견되었다. 그것은 그리스도인의 실존의 모든 영역을 포함할 만큼 확대시킬 수 있는 것이었다. 그럼에도 불구하고 십자가와 부활의 의미를 전개하고자 발전된 원리와 사상들은 그것이 기초하는 사건들에 종속된 것으로 인식되어야 한다. 기독교 교회는 하나님을 제어하기 쉬운 어떤 공식이나 단조로운 원리들-그것이 아무리 급진적이라 해도-로 축소시킴으로써 하나님을 길들이려는 유혹에 빠지곤 했다. 하지만 하나님은 하나님일 뿐이며 우리가 교묘하게 만들어놓은 하찮은 분류체계에 끼워 맞출 수 없는, 너무도 크신 분이라는 것을 인정해야만 한다. 십자가의 의미를 신학적 진술로 축소시키는 것은 다음의 두 가지 중대한 실수 중 하나, 혹은 둘 다에 속아 넘어가는 모험을 하는 것이다.

첫째, 우리는 신학적 진술들을 그것이 발생하게 된 사건과 분리시키고, 그것을 다른 진술들을 추론해낼 수 있는 모종의 원칙처럼 취급할 수 있다. 그 진술이 일단 자리를 잡고 나면 분석할 수 있는 독립적이거나 자명한 명제이기보다 그 사건에 종속된 것이라는 사실을 간과하는 것이다. 분석을 요하는 것은 십자가와 부활 사건이며 앞으로도 그러할 것이다. 그 사건에 관한 우리의 어떤 진술도 그것을 벗어나기보다는 그것으로 돌아가는 것이 되어야 한다. 이렇게 하는 것은 십자가 하나님에 대해 배우는 모종의 정교한 학습 기법이라고 가정하는 것이다. 이 방법은 우리가 다른 방법으로는 알 수 없었을 하나님에 관한 일들을 배울 수 있도록 보장해준다. 간단한 예를 들어보자. 어렸을 때 나는 주판을 사용해서 계산법을 배웠다. 하지만 덧셈, 곱셈 등을 배운 뒤에는 주판을 불필요한 학습 도구로 여겨 점차 멀리하게 되었다. 마찬가지로 많은 신학자들이 십자가 죽음과 부활을 모종의 신학적 학습 도구로 여기다가 점점 더 많은 것을 알게 되면서부터는 더 이상 없어도 되는 것으로 취급한다. 이와 같이 우리에게는 어떻게 신학을 배웠는가라는 중대한 질문을 간과하거나 무시하는 경향이 계속 남는다.

둘째, 우리는 십자가 사건으로부터 추론할 수 있는 원리나 개념들이 그저 필요한 것을 정리하기 위한 진술이 아니라 그 사건에 대한 결정적인 진술이라고 추정할 수 있다. 이것은 신학적 진술들이 예수 그리스도의 십자가 죽음과 부활에 대한 잠정적 해석이며, 본질상 그 사건의 완전한 의미를 남김없이 규명할 수 없다는 사실을 간과하는 것이다. 인간의 언어는 그 사건의 의의를 완전히 전달하기에 부적절하며, 그 의미를 다루기 쉬운 규모로 축소시키는 경향이 있다. 많은 앵글로 색슨 사상가들이 십자가의 순전한 신비를 간과하곤 한다(아니면 원시 단계적인 합리주의의 이름으로 부인한다). 하나님은 십자가에서 자신을 계시하시는 바로 그 순간에도 우리가 그분에 대해 말하거나 생각할 수 있는 모든 것을 훨씬 뛰어넘으신다. 이것은 우리가 하나님에 대해 말할 때 어쩔 줄을 모르고 쩔쩔 맨다거나, 십자가에 기초한 우리의 신학적 진술들이 잘못이라고 말하는 것이 아니다. 다만 그 진술들이 살아계신 하나님의 모든 것을 초월하는 실재를 제대로 다룰 수 없다는 말이다. 하나님에 대한 진술은 불가능하지도 특별히 어렵지도 않다. 문제는 그 실재가 원리로 표현될 수 있다거나 모든 진리를 명제로 전락시킬 수 있다고 생각하는 사람들의 오해다.

이런 문제들은 중요하지만 이런 논의를 접해본 적 없는 독자들에게는 몇 가지 어려움을 야기시킬 수 있다. 이 장에서는 방금 심각하게 제기한 점들을 제대로 이해하지 못함으로써 기독교 신앙을 얼마나 부적절하게 왜곡할 수 있는지 보여주기 전에, '진리'에 대한 기독교적 이해에 대해 더 논의하겠다. 이 점을 끌어내기 위해 성육신의 원리와 예수 그리스도의 죽음이 우리를 향하신 하나님의 사랑을 드러낸다는 개념을 살펴볼 것이다. 하지만 먼저, 진리에 대한 기독교적 개념을 살펴보자.

진리와 십자가

먼저 '참된 것'과 '기독교적인 것'의 개념을 비교함으로써 '진리'의 개념을 검토해보자. 계몽주의 사상가들에게는 이 개념이 사실상 동일한 것이었다. 기독교가 '진리'라고 주장한다 해도 이성에 의해 입증될 수 없는 것은 뭐든 다 미신으로 거부되었기 때문이다. 이 견해가 발달된 과정은 다음과 같이 추적할 수 있다.

첫째, 기독교의 믿음을 이성적으로 변호할 수 있다는 주장이 있었다. 기독교 변증학에서 이성은 동맹군으로 여겨졌다. 그리고 기독교 진리는 그것이 철저히 이성적이라는 것을 보여줌으로써 지지를 받을 수 있었다. 둘째, 기독교가 한 일은 이성을 통해 알려질 수 있는 사실들을 되풀이하는 것뿐이었다는 주장이 있었다. 셋째로, 모든 기독교 교리는 받아들일 만한 것인지 아닌지 결정하기 위해 하나하나 이성에 비추어 검토되어야 한다는 주장이 있었다. 그래서 기독교에 대한 계몽주의의 비판이 시작되어, 결국에는 기독교의 한 종류가 아니라 완전히 새로운 종교로 보는 것이 더 나은 합리주의적 도덕주의가 생겨나게 되었다. 그렇게 예수는 도덕 교사와 본보기로 해석되었고, 십자가의 신비도 제거되었다.

기독교에 대한 이 접근법에 기초하면서 오늘날까지 남아있는 확신 중 하나는 '기독교'와 '이성적 진리'가 똑같다는 것이다. 이성에 의해 어떤 것을 안다면, 기독교는 그것에 동의하거나(그럴 때 기독교는 불필요하다. 당신이 이미 알고 있는 것을 확증해줄 뿐이다) 동의하지 않는다(이 경우 기독교는 잘못된 것이며 비판을 받아야 한다). 이와 같이 '참된 것'과 '기독교적인 것'에 대한 대단히 순진한 접근은 너무나 영향력이 크기 때문에 다음 주제로 넘어가기 전에 보다 상세히 살펴볼 필요가 있다. 의심할 여지없이 참된 몇 가지 사실을 살펴보자.

1. 2 + 2 = 4

2. 전체는 그것의 부분보다 크다.

3. 해는 지구로부터 약 1억 5천만km 떨어져 있다.

우리가 던져야 하는 명백한 질문은 '그것이 기독교적인가?' 이다. 더 강하게 표현하자면 '어떤 진술이 진리라는 것이 그것이 진정으로, 그리고 분명하게 기독교적이라는 것을 충분히 보장하는가?' 이다.

이 질문에 대한 대답은 부정적일 수밖에 없다. 처음 두 진술은 이성적 진리의 예다. '2'와 '4', 그리고 '전체'와 '부분'의 정의로부터 그것의 관계가 이 두 진술에 의해 정확하게 묘사되었다. 다시 말해 그것은 이성적 진리의 탁월한 예다. 그 진술들이 기독교와 연관이 있다 해도 매우 미미한 연관일 뿐이다! 세 번째 진술은 경험과 관찰에서 끌어낸 진리의 예다. 그것은 이성적 진리라기보다 경험적 진리다. 그리고 그것을 기독교 특유의 진리라고 간주하는 사람은 거의 없을 것이다! 그것이 끌어낸 내용이나 방식 면에서, 그것은 기독교 전통이 더 중요하다고 주장하는 것들과 아무 관계가 없다. 통계연감도 기독교 신앙도 둘 다 '진리'를 주장한다. 하지만 그렇다고 해서 그 두 가지가 같은 진리로 취급될 수는 없다.

기독교는 그런 문제들을 논박할 이유도 없고 그런 문제에 관심도 없다. 기독교는 우선적으로 특별한 통찰과 강조점을 가지고 특정 방식으로 사물을 바라보는 데 관심이 있다. 그리고 이러한 통찰과 강조점들은 십자가에 달리시고 부활하신 그리스도로부터 유래되며, 그것에 의거하여 정당화된다. 진리는 어떤 명제가 옳은가 그른가에 대한 것이 아니다. 그것은 실재를 만나고 그 실재를 가능한 한 잘 묘사하려는 것이다. 그리고 그리스도인에게 그 실재는 예수 그리스도의 십자가 죽음과 부활에서 가장 잘 나타난다. 실재를 일련의 명제들로 축소시키는 것은 불가능하다! 이 점은 최근 수십 년 간 자연과학 분야에서 자주 주장되었다(예컨대, 폴라니에 의해). 옳거나 그른 명제들이라는 견지에서 실재를 완전히 정의할 수 있다고 생각하는 것은 순진한 것이다. 중요한 것은 우리가 영원토록 완전히 파악하지 못하는 것을 묘사하는 것이 과연 적절한가이다. 이것은 하나님과 씨름하려는 시도에서처럼 자연과학에도 해당된다. 현대 물리학의 예를 들어 설명하자면 '빛의 이중적 성질'에 의해 제기된 유명한 문제를 생각해볼 수 있다. 20세기 초, 빛의 성질에 대한 다음의 두 진술이 참된 것으로 인식되었다.

1. 빛은 파장으로 움직인다.
2. 빛은 입자로 움직인다.

'파장'과 '입자'는 매우 다르며, 빛이 두 속성 모두를 가지고 있다는 것은 믿기 어려운 사실이었다. 그러나 1과 2의 진술이 서로 모순되는 것처럼 보이지만, 그 두 가지는 빛의 정확한 실상을 나타낸다. 이 명백한 역설은 궁극적으로 빛의 성질에 대한 보다 정교한 이해(양자 이론)를 통해 해결되었고, 그것은 강력한 이론적 추론과 실험적 관찰에 기초하여 발달되었다.

이런 중요한 과학적 추론을 염두에 두고, '진리'에 대한 계몽주의 개념이 얼마나 부적절한지 살펴보겠다. 먼저 "빛은 파장인가?"라는 질문을 던져보자. 그 질문에 대한 대답은 "그렇다"이다. 진리에 대한 계몽주의의 개념은 그래서 빛은 입자가 될 수 없다고 결론 내릴 것을 요구한다. '파장'과 '입자'는 상호 배타적이기 때문이다. 마찬가지로 우리가 "빛은 입자인가?"라고 물으면 그 대답 역시 "그렇다"가 된다. 그리고 다시 한 번 계몽주의 사상가는 '파장'과 '입자'가 상호 배타적인 실재이므로 빛은 파장이 될 수 없다고 결론을 내린다. 하지만 진리는 이 진술들이 서로 배타적인 것처럼 보이지만 실제로는 상호보완적이라는 것이다. 그 실상은 너무도 복잡해서 그것을 '참', 혹은 '거짓'이라는 간단한 진술로 규정할 수가 없다. 계몽주의 사상가에게 빛이 파장이라는 것이 참이라면 그것이 입자라는 진술은 거짓이 된다. 이것이 바로 상황에 대한 논리이며 계몽주의 세계관의 부적절함을 보여준다. 그 세계관은 실재를 오직 이성적 명제라는 견지에서만 다룬다! 하지만 실재는 이런 식으로 묘사할 수 없다. 저명한 양자 이론가 닐스 보어가 말한 것처럼 "어떤 사물을 온전히 설명하려면 단 하나의 진술이 아닌, 다양한 관점이 필요하다."

이제 하나님에 대한 두 진술을 통해 이 점의 신학적 중요성을 살펴보자. 두 가지 모두 일반적으로 참되다고 인정되는 진술이다.

1. 하나님은 의로우시다.
2. 하나님은 자비하시다.

얼핏 두 진술은 상호 모순되는 것처럼 보인다. 계몽주의 사상가들은 하나님이 의로우시면서 동시에 자비하실 수 없다고 지적했다. 둘 중 하나만 가능하다는 것이다. 그러면서 그들은 하나님이 의로우시다고 주장했다. 물론 그들의 논리는 칭찬할 만하다. 하지만 실재에 대한 그들의 인식은 왜곡되어 있다. 기독교 전통은 언제나 이 통찰들이 동시에 참되다고 인정했다. 그 결과 논리적으로 일관되지 못한 것처럼 보일 수 있지만, 이것은 우리와 실재의 만남을 표현하려는 시도의 결과다. 앞에서 강조했듯이 실재는 본질적으로 신비하며, 적절하고 일관된 전제들로 요약될 수 없다는 인식이 점차 커지고 있다. 궁극적 문제들(하나님의 속성이나 실재의 속성 같은)과 씨름하다가 한계에 부딪혔을 때 인간의 사고는 양극성, 이율배반, 역설 등을 사용하게 된다. 알프레드 노스 화이트헤드가 말했듯이 "과학에서나 논리에서 논증을 충분히 발전시키면 곧 모순에 도달하게 된다. 내부적인 논증 안에서, 혹은 외부적으로 사실에 대한 언급에서다."

오랫동안 기독교 전통은 하나님의 본성에 대해 표면상 모순적인 것처럼 보이는 통찰들을 지니고 있다는 점을 인정해왔다. 하지만 동시에 이 모순이 단지 외견상일 뿐이라고 주장했다. 적절한 용어로 다시 표현한다면, 이것은 '존재론적 문제'라기보다 '인식론적 문제'다. 모순은 사물이 실제로 존재하는 방식보다는 우리가 실재를 이해하는 방식에서 생겨난다.

따라서 그와 같은 통찰들은 상호 모순적인 것이 아니라 상호 보완적이다. 다시 말해 피상적으로 모순되는 두 개의 진술이 동시에 옳은 것처럼 보인다는 사실에 대해, 우리는 어느 하나를 긍정하기 위해 다른 하나를 부정하는 과정을 취하기보다 그 진술들이 모두 옳다고 단언한다. 몇 가지 예로 이 점을 설명할 수 있을 것이다.

1. 하나님은 내재하시며 초월하신다.
2. 예수 그리스도는 하나님이신 동시에 사람이시다.
3. 사람은 은혜 아래서 자유롭게 행동한다.

이러한 것은 '변증법', 혹은 '긴장', '양극성' 이라는 개념을 보여준다. 그것은 자연과학과 신학을 포함하여 실제의 여러 측면을 이해하려는 인간적인 시도의 특성이다. 이것을 인식하지 못하는 것은 계몽주의의 방법인 환원주의를 따르는 것이다. 실재를 부분적으로 파악하면 그런 양극성을 지니게 된다는 것을 인정하지 않으려는 마음 때문에 양극성이 제거된다. 그러다 보니 논리적인 일관성은 있지만 실재에 심각하게 왜곡된 견해를 제공하게 된다. 어렵게 얻은 기독교 신학의 통찰을 그렇게 유치한 방식으로 타협하면 안 된다. '진리'는 세상을 구속하시는 하나님의 임재와 활동에 대해 귀하고 어렵게 얻은 통찰이며, 그것이 신자에게 보여주는 실존 유형, 곧 세상의 모순들을 바라보는 방식이다.

십자가는 적어도 표면적으로 모순처럼 보이는 하나님의 성품에 대한 본질적인 통찰을 준다. 하나님의 사랑은 그분의 진노를 통해 나타나며, 죽음을 통해 생명이 일어난다는 것 등이다. 논리적인 차원에서 보면 분명 모순인 듯하다. 하지만 그리스도인은 이와 관련된 모든 모순이 궁극적으로 인간이 타고날 때부터 살아계신 하나님을 온전히 이해할 수 없도록 되어 있기 때문이라고 확신한다. 그리고 그런 확신에는 충분한 이유가 있다.

성 어거스틴이 말한 것처럼 "당신이 이해할 수 있다면 그것은 하나님이 아니다." 이것은 "당신이 이해할 수 없다면 그것은 잘못된 것이다."라는 계몽주의의 주장과 대조를 이룬다. 십자가는 우리가 하나님의 위대한 실재를 만나게 해주며, 인간의 언어와 개념들이 그 실재를 온전히 표현하는 데 얼마나 부적절한지 보여준다.

이와 같은 이유들 때문에 십자가는 언제나 환원주의적 해석에 저항해왔다. 우리는 십자가의 의미를 단순한 하나의 명제-그것에 기초하여 다른 명제들을 추론할 수 있는-로 축약할 수 없다. 루터가 지적한 것처럼 "십자가의 지혜는 깊은 신비 안에 감추어져 있다." 결국 그 자체가 신비인 십자가는 배후에 있는 훨씬 더 큰 신비, 곧 살아계신 하나님을 가리킨다.

십자가의 신비는 우리의 질문을 기다리는 것이 아니라 우리에게 질문을 던지는 그 무엇이다. 문장 끝에 나오는 물음표처럼, 십자가는 확신에 찬 주장을 대답과 입증을 요하는 진술로 바꾼다. 그리고 덧없는 가정들을 복음 자체와 혼동하고 있는 것은 아닌지, 십자가에 달렸다가 부활하신 그리스도 대신 현대의 문화적 가치관을 전파하고 있는 것은 아닌지 끊임없이 묻는다.

교리의 진화?

교리의 혁신은 단지 새롭다는 이유만으로 무조건 정당하다고 추정되는 경우가 많다. 그것은 점진적 진화 과정의 적절한 산물로 여겨진다. 그 과정이 발전적인가 퇴보적인가 하는 초보적 질문조차 제대로 살펴보지 않는다. 그러나 진화는 앞으로 전진하면서 강화와 발전이라는 결과를 가져온다. 또한 쇠퇴와 부패도 가져온다. 시간이 흐르면서 둘 중 하나로 흘러갈 수 있다. 문제는 어느 쪽이 되느냐이다.

몇몇 신학자들은 다윈의 『종의 기원』에 대한 무비판적 이해에 근거하여, 신학적으로도 '적자생존'과 유사한 것이 있다고 가정하는 듯하다. 물론 오래된 교리들은 그것의 부적절함이 노출됨에 따라 점차 더 발전한 교리로 대체된다. 하지만 교리 사학자는 더 복잡하고 제어하기 어려운 상황과 씨름해야 한다. 그것은 신학적 진화론자들의 단순화-한 세대가 버렸으나 다른 세대는 적절하다고 인식한 요소들을 계속 재전유하여 교리가 진화되는 것-와 거의 관계가 없다. 종교개혁 자체는 보다 일반적인 현상-이전 세대의 신학에 대한 창의적 호소 및 해석을 통한 교리의 진화-의 가장 잘 알려진 예일 것이다.

진전인가 퇴보인가? 이를테면 계몽주의의 합리주의 같은 것으로 기독교 교리를 개조하는 것은 긍정적 발전으로 보아야 하는가, 퇴보로 보아야 하는가? 이 질문은 피할 수 없다. 이어지는 중대한 질문도 마찬가지다. 바로 '그 판단은 어떤 기준에 근거하여야 하는가?'이다. 특정한 교리적 발전이 적절하거나 적절하지 않다고 결정할 때 어떤 기준이 사용되어야 하는가? 바로 이 점에서 기독교 신앙의 토대이자 판단 기준인 십자가의 온전한 적실성이 명백해진다.

우리는 앞으로 향하기 전에 뒤를 돌아보아야 한다. 인도를 받기 위해 십자가를 바라보는 것이다. 우리는 어떤 교리적 발전이 신약성경과 교회의 경험을 통해 해석된 십자가와 부활에 부합되는지 아닌지 물어보지 않을 수 없다. 나사렛 예수를 인류의 도덕적 교육가로 보는 계몽주의 교리는 그리스도를 인류의 신적 구세주로 보는 아타나시우스의 교리보다 천오백 년 더 현대적이라고 볼 수 있다. 하지만 그것이 십자가와 부활에 대한 신뢰할 만한 해석이라는 말은 아니다. 새로운 논증이 지니는 매력 때문에 하나님, 그리스도, 우리 자신에 대한 진술들이 기독교 신앙의 토대가 되는 자료-중요한 믿음의 사건을 증거하는-와 분명한 일관성을 지니지 못하게 하면 안 된다.

십자가와 성육신

십자가에 달리셨던 예수 그리스도가 죽은 자 가운데서 다시 살아나셨다는 사실에 기초하여, 교회는 하나님이 십자가에 달리신 그리스도와 동일화되셨다는-예수 그리스도가 하나님으로서 하나님을 위해 행동하셨으며 예수 그리스도가 바로 하나님이셨다는-놀라운 결론을 이끌어냈다. 그것은 탁월한 통찰이며 이미 신약성경이 성립되고 탐구되는 과정에서 분명하게 드러났다. 부활의 관점에서 본 십자가는 무의미한 주검과 절망의 이야기에서 인류를 다시 자신에게로 데려가시기 위해 하늘에서 스스로 내려오신 하나님에 대한 열정적이고 강력한 선포로 변화되었다. 탕자의 아버지가 아들이 돌아오기만을 기다린 것과 달리, 하나님은 잃어버렸던 우리에게 오셨고 우리를 다시 집으로 데려가시기 위해 스스로 먼 나라로 여행하셨다. 이것은 자기희생적인 하나님, 돌보시는 하나님, 우리의 곤경을 변화시키기 위해 그 속에 동참하시는 하나님이다.

그런 중요한 통찰을 잃어버리지 않도록 노심초사하면서, 교회는 예수 그리스도가 '하나님이시며 동시에 사람' 이시라는 주장-전통적 형태로 표현된 성육신의 개념- 을 자명한 원리로 규정했다. 이것은 아마 기독교 신앙에서 가장 놀랍고 중요한 통찰 중 하나일 것이다. 다시 말해 예수 그리스도를 만나는 것은 곧 하나님 그분을 만나는 것이다. 하지만 이것은 파멸이라 할 만큼 위험한 통찰이기도 하다. 하나님이 사람이 되셨다는 중심적 주장에서 이 주장이 생겨나게 한 사건, 즉 예수 그리스도의 십자가와 부활로부터 점차 더 멀리 떨어지고 분리되는 명제들을 추론할 수 있을 것이다. 성육신이라는 개념은 '주어진' 것이 아니라 '이끌어낸' 것임을 절대 잊지 말아야 한다. 그리고 그것은 기독교 신앙의 핵심인 십자가와 부활에 대한 성찰에서 이끌어낸 것이다.

이 왜곡의 과정을 '하나님이 사람이 되셨다' 는 전통적인 표현과 관련하여 살펴보자. 많은 신학자들(루터가 '영광의 신학자' 라고 경멸하며 무시한 신학자들이다. 그들은 십자가에 대해 생각해보려고도 하지 않았다)이 순전히 논리적인 차원으로 '하나님이 사람이 되셨다' 는 말은 곧 '사람이 이제 하나님이다' 라는 의미라고 주장했다. 이것을 엄밀히 적용하면 그리스도인의 경건의 본질이 파괴된다. 그런 신학자들은 사람과 하나님을 구분하는 것이 근본적으로 불가능하다는 것에 곤혹스러움을 느껴서, 예배의 적절한 대상은 사람이며 사람이 하나님의 자리를 차지한 것이라고 주장했다. 그리고 이것은 궁극적으로 사람이 '한 하나님'을 노예처럼 섬길 필요성에서 완전히 해방되었다는 견해로 이어진다. 자신이 바로 하나님이기 때문이다. 이런 통찰은 니체의 관점을 가치 있게 여기는 몇몇 사람들에 의해 인간의 최종적이고 완전한 해방, 곧 하나님의 독재로부터의 해방에 대한 기초로 높이 평가되었다. 이런 사람은 하나님의 '속박'으로부터 자유해진 뒤 다소 의문스러운 성향을 지닌 열등한 하나님을 섬기게 된 자신을 발견한다. 전체주의 국가의 발생(히틀러의 독일과 스탈린의 러시아)과 그것의 잔혹한 결과는 이 열등한 하나님이 신격화에 뒤따르는 책임들을 이행할 능력이 없음을 보여준다. 아브라함과 이삭과 야곱의 하나님이 아우슈비츠와 트레블링카(폴란드 바르샤바 부근에 있었던 나치 수용소-역주)와 히로시마의 하나님이 되는 것이다.

이런 해석에 따르면 성육신의 원리는 하나님과 인간이 본질적으로 조화를 이루게 하여, 인간의 역사를 신격화를 향한 점진적인 진화 과정으로 보게 한다. 그리고 하나님과의 궁극적 연합을 위한 인간의 신학적 상승 개념은 몇 개의 주요 철학과 신학 체계에서 두드러지게 나타난다. 특히 다윈의 진화론에 대한 인기 있는 해석에 의존하고 있는 체계들이다. 하지만 이것이 실제로 성육신이 의미하는 전부일까?

성육신 교리가 하나님과 인간, 신적인 것과 인간적인 것의 본질적 구분이 없어진 것을 의미하지 않으며 그것을 의미하려는 것도 아니었다. 그것은 또 다른 추론들의 기초를 이루는 보편적인 원리가 아니다.

예수 그리스도의 십자가 죽음과 부활의 신비에 대해 기독교 교회에서 집중적이고 지속적으로 성찰한 결론이다. 예수님, 즉 십자가에 죽으셨다가 죽은 자 가운데서 다시 살아나신 이 유일무이한 역사적 인물 안에서, 우리는 믿음의 관점을 갖고 살아계신 하나님을 인식해야 한다. 그분의 말씀과 행동, 그분의 죽음과 운명의 온전한 의미는 하나님이 그분과 자신을 동일시하셨다는 것, 그래서 그분이 하나님으로서 하나님을 위해 말씀하시고 행동하셨다는 인식을 통해서만 명백해진다. 이것은 인간 역사의 모든 사람에게 적용될 수 있는 일반적 원리가 아니다. 오직 한 사람, 믿음이 생겨나게 하는 한 분에 대한 진술이다.

그러므로 '성육신의 원리'를 그 기초로부터 분리시켜 결국 그 의미가 없어질 때까지 밀어붙이면 안 된다. 성육신은 예수 그리스도와 우리를 위한 그분의 의의에 대한 진술이며, 직접적이기보다는 간접적인 진술이다.

기독교를 일차적으로 원리-그것이 '성육신'과 같은 고귀하고 심오한 것이라 해도-에 관한 것으로 취급하면, 복음을 단순히 시간을 초월하는 영원한 진리에 대한 주장으로 전락시킬 위험이 있다. 기독교는 하나의 사건에 관한 것이다. 그리고 한 사람에 대한 것이다. 역사에 대한 것이다. 하나님은 원리적 차원이 아니라 역사적 실존에서 우리를 만나신다. '성육신의 원리'가 기독교 신앙의 본질적 측면이라고 주장하는 것은 초대 그리스도인들이 관념적인 세계에서 뭔가를 발견했거나 만들어냈다고 주장하는 것이다. 실제는 그들이 한 인격적 존재를 만나고 그에게 반응한 것인데 말이다. 우리는 예수 그리스도라는 인격을 성육신이라는 개념으로 대신하면 안 된다! 잘못 이해하면 '성육신의 원리'는 기독교 신앙을 인간의 역사 속에서 시간을 초월한 사상, 혹은 관념으로 후퇴시킬 수 있다. 사건은 그 사건에 종속되는 관념을 만들어낸다. 그것이 '십자가 신학'의 본질적 통찰이다. 그리고 성육신이 하나의 사건이라고 대답하는 사람들에게는 결코 그렇지 않다는 점을 지적해야 한다. 그것은 어느 특별한 삶에 대한 해석이었으며, 앞으로도 그럴 것이다. 그 삶은 십자가와 부활에서 절정에 이르는 특정한 사건들로 구성되어 있다. 십자가 신학은 십자가가 세상의 실제와 기독교 신앙을 연결시켜주는 명료한 역사적 사건이라고 주장한다. 그리고 기독교가 세상 안에서 정체성과 적실성을 유지하려면 그 연결이 절대 단절되어서는 안 된다.

우리는 성육신 교리에 대해 어떠한 불만도 갖고 있지 않다. 그 교리는 예수 그리스도의 삶의 의미를 십자가와 부활의 관점에서 적법하고 유용하게 해석한 것이다. 우리가 관심을 갖는 것은 그 교리를 심각하게 오해하여, 인간 실존의 실상에서 사색적인 철학과 형이상학의 영역으로 퇴보시키는 것이다.

십자가와 부활이 성육신 교리보다 논리적·신학적으로 우월하다는 주장은 결국 두 가지 본질에 대한 주장이다.

첫째, 하나의 사건과 그 의미가 역사 속에서 함께 주어졌기 때문에 서로 분리될 수 없다. 말하자면 그 사건은 의미를 담는 그릇이 아니다. 즉 일단 의미를 추출해낸 뒤 버릴 수 있는 것이 아니다. 둘째, 이론과 실천(해석과 행동)은 분리될 수 없다. 성육신 교리는 시간을 초월하는 진리들에 대한 지적 탐구과제이기보다 역사 속에서 인간의 행위를 지향하는 특정 사건의 해석이다. 따라서 오해를 방치할 수 없을 만큼 매우 중요하다. 그리고 '십자가의 신학'은 그것의 타당성과 적실성을 보장하는 관점을 제시해준다.

십자가와 하나님의 사랑

기독교 전통은 언제나 십자가를 죄인들을 향하신 하나님의 사랑을 보여주는 최고의 표현으로 여겨왔다. "우리가 아직 죄인 되었을 때에 그리스도께서 우리를 위하여 죽으심으로 하나님께서 우리에 대한 자기의 사랑을 확증하셨느니라"(롬 5:8). 이 통찰이 지닌 순전한 경이로움은 예로부터 지금까지 기독교 작가들의 마음과 생각을 사로잡았다. 왜 하나님이 우리를 사랑하셔야 하는가? 그리고 왜 하나님은 우리를 위해 예수 그리스도를 죽게 하심으로써 그 사랑을 보여주셔야 하는가? 리차드 크래셔는 다음과 같이 말했다.

주여, 사람이 무엇이기에 그토록 귀한 주님을 희생시켰습니까?
무엇이 주님을 잃어버리게 했습니까?
주여, 사람이 무엇이기에
아무 가치 없는 존재를 사기 위해
주님께서 그토록 많은 대가를 지불하셨습니까?

초대 그리스도인들은 십자가 죽음을 부활에 비추어 성찰하면서 이 근본적인 통찰을 파악하고 보존했다. 그것은 하나님이 어둡고 사랑 없는 세상에서 우리를 위한 그분의 압도적인 사랑을 보이셨다는 통찰이다. 그리스도 안에서 우리는 "한밤중에 사랑의 한낮을 만났다"(크래서).

예수 그리스도는 자신이 주실 수 있는 모든 것을, 그분이 인간으로 존재하실 때의 마지막 호흡까지 우리를 위해 주셨다. 그리고 루터가 주지시킨 "우리를 위해"라는 말은 누군가에 대한 이야기를 우리에 관한 이야기로 바꾸어놓는다. 그것은 우리를 위해 직접적인 실존적 의미를 지니며 현대적인 적실성으로 가득 차 있다.

인생의 많은 영역이 그러하듯, 기독교 신학도 우리에게 개인적으로 영향을 주는 문제에 대해서는 언급을 꺼리는 것처럼 보인다. 때로 우리는 그런 문제에 대해 보다 일반적으로 말하는 것을 좋아한다. 논의하는 주제가 우리와 직접 관련되어 있다는 사실을 인정하지 않으려 한다. 아마도 그것에 관심이 있다는 것을 인정하는 게 당혹스럽기 때문일 것이다!

기독교의 선포는 그저 '일반적인' 하나님의 사랑에 대한 것이 아니다. 한 사람 한 사람에 대한 '개별적인' 하나님의 사랑이다. 우리 각자는 세상과 인간을 창조하시고 유지하시는 동일한 하나님이 갈보리까지 이어진 열정으로 우리를 사랑하신다는 주장에 직면한다. 그리고 그것은 우리에게 반응을 요구한다. 다른 누구도 아닌, 바로 우리 각자에게 말이다.

리처드 크래서는 이 점을 다음과 같은 말로 표현했다.

오 나의 구세주여, 나로 깨닫게 하소서.

죽음에 빠져 있다가 이제는 사랑 안에 거하는 내 삶이

주님이 나를 위해 얼마나 귀한 것을 지불하셨는지 증거하도록.

"하나님이 세상을 이처럼 사랑하사 독생자를 주셨으니"(요 3:16)라는 위대한 복음 선포는 우리 안에서 울려 퍼진다. 이 위대한 진술이 또 하나의 보다 개인적인 선언 "하나님이 나를 이처럼 사랑하사 독생자를 주셨으니"를 포함한다는 것을 깨달을 때 말이다. 찰스 웨슬리의 유명한 말이 바로 이러한 인식을 표현한다.

놀라운 사랑!

하나님께서 나를 위해 죽으셔야 했다니

어떻게 그럴 수 있는가!

하나님이신 그리스도께서 십자가에서 죽으신 것은 그의 세상-특히 우리-을 위한 사랑과 헌신이 얼마나 광대한 것인지 보여준다. 그러나 이 놀라운 통찰의 온전한 의미는 그것이 예수의 십자가와 부활을 통해 전달된다는 것을 인식하지 못할 때 잃어버릴 수 있다.

우리는 여타의 수단이 아닌 십자가를 통해 하나님의 사랑을 배운다. 그것은 '자연 신학의 진리', 곧 밤하늘이나 장엄한 석양, 혹은 위대한 예술작품을 보면서 얻을 수 있는 통찰이 아니다(앞에서 보았듯이 이것은 자연이나 인간 활동의 한 부분-보다 멋있는 부분-에 매우 선택적인 주의를 기울이는 반면, 고통,

고난, 다른 사람에 대한 무자비함 등은 무시하는 것을 포함한다). 그것은 예수 그리스도의 십자가 죽음과 부활을 통해 전달되는 통찰이다. 저절로 오는 깨달음이 아니다.

'하나님은 사랑이시다.' 라는 단조로운 주장으로 기독교가 격하되는 경우가 많다. 물론 맞는 말이지만 그것만 따로 떼어놓고 살펴볼 수는 없다. 그렇게 피상적으로 다루기에는 기독교 신앙의 이 중심적 통찰이 너무 중요하다. 우리는 우리가 정확히 어떤 사랑에 대해 말하고 있는지 물어야 한다. '하나님은 사랑이시다.' 라는 주장은 다른 것들(이를테면 하나님의 진노, 의라는 개념, 그리고 인간이 신적 지혜를 서툴게 흉내 내는 것에 대한 하나님의 경멸 등)과 함께 그리스도의 십자가를 통해 전달된다. 그리고 어떤 사람이 자신의 취향에 따라 하나님에 대한 기독교적 이해에 관심을 두는 것을 이해할 수 있다. 그러나 그렇게 함으로써 기독교를 왜곡시키는 것은 간과할 수 없다. 속죄에 대한 소위 '도덕적', '모범적' 이론이 그랬다. 그것에 대해서는 잠시 후에 살펴보겠다. 지금은 먼저, 지금 다루는 점과 관련하여 한 가지를 더 말해야겠다.

'하나님은 사랑이시다.' 라는 애정 깊은 통찰은 계시에 대한 것이다. 그것은 의문의 여지없이 중요하지만 그리스도 안에서 보이신 하나님의 자기 계시를 남김없이 규명하지는 않으며 그런 것처럼 여겨서도 안 된다. '하나님은 사랑이시다.' 라는 말은 더 규정할 필요가 있다. 그것은 하나님이 알려지고자 하시는 대로 그분에 대한 전반적인 묘사를 나타내는 복잡한 그림의 한 조각, 한 번의 붓놀림에 불과하다. 우리는 닐스 보어가 매우 간결하게 진술한 현대 양자 물리학의 통찰을 상기해야 한다. "어떤 사물을 온전히 설명하려면 단 하나의 진술이 아닌, 다양한 관점이 필요하다." 다시 말해 유리로 된 프리즘이 한 줄기 빛을 무지개 빛깔-각각은 그 빛을 구성하는 데 필수적이다-로 분해하듯, 신학자는 십자가 신학에 많은 요소가 있다는 것을 반드시 인식해야 한다. 이 요소들은 서로 수정하고 조명해준다. 그래서 '하나님은 의로우시다'는 통찰은 '하나님은 긍휼하시다.'라는 인식을 통해 수정되고 조명된다. 마찬가지로 '하나님은 사랑이시다.'라는 근본적 통찰은 같은 그림의 다른 부분에 의해 조명되며, 같은 맥락에서 그것은 '사랑'이라는 말이 무슨 의미인지 이해하는 데 도움을 준다.

우리는 이 전반적인 그림에서 특별히 우리 취향에 맞는 부분만 분리시켜 하나님에 대한 개념에 주관성과 문화적 제약이라는 위험한 요소를 도입하게 된다. 다음과 같은 명백한 질문을 간과할 수 없기 때문이다. 그 질문은 "왜 서유럽과 북미 사람들은 '하나님은 사랑이시다.'라는 통찰을 중요하다고 보는 반면, 남미와 아시아 사람들은 '하나님은 의로우시다.' 혹은 '하나님은 공평하시다.'라는 통찰을 더 중요하게 여기는가?"이다. 우리가 하나님에 대한 개념 중 어떤 것을 발견하기 원하는가에 문화가 큰 영향을 끼친다는 사실은 불가피하게도-하나님에 대한 기독교적 이해가 풍성하다는 것에 비추어볼 때-우리가 하나님에 대한 이해의 한 측면을 규범적인 것으로 분리시키고 규정한다는 것을 의미한다. 그로 인해 서구 문화에서 어렵게 얻은 통찰이 있다. 그것은 '하나님은 사랑이시다.'라는 말이 하나님은 서구 문화의 모든 통찰을 승인하시고 그들에게 그럴싸한 신성함을 부여하는, 겉만 그럴듯한 자비로운 하나님을 의미하는 것으로 해석된다는 것이다. 하나님에 대한 이러한 개념—그것은 기독교보다는 자연 종교의 영향을 더 많이 받았고 끊임없는 감상주의로 전락할 우려가 있다—은 대체로 '하나님은 사랑이시다.'라는 통찰을 그 통찰의 원천인 예수 그리스도의 십자가와 부활을 분리시킬 때 생겨난다(전적으로 그런 것은 아니다). 하나님이 사랑이시라는 단순한 통찰은 기독교가 탄생한 이후 생존을 위해 싸워야 했던 어려운 시기에 별다른 도움이 되지 못했을 것이다. 그리고 그렇게 문화적으로 규정된 개념들은 복음 선포의 장애물이 될 수 있었지만 다행히도 초대 그리스도인들은 그것의 심각한 방해를 받지 않았다.

이 점은 좀 더 살펴볼 수 있을 것이다. "하나님은 사랑이심이라"(요일 4:8)는 통찰은 초시간적인 영원한 진리로 오해받기 쉽다. 하지만 십자가는 하나님의 사랑을 하나의 영원한 진리로 계시하기보다는 행동으로 계시한다. "하나님이 세상을 이처럼 사랑하사 독생자를 주셨으니 이는 그를 믿는 자마다 멸망하지 않고 영생을 얻게 하려 하심이라"(요 3:16).

하나님의 사랑은 자기 아들을 내어주는 행동으로 드러난다. 하나님은 자기 아들을 자기 백성에게 주심으로써 상실을 겪으셨다. 그리고 그 백성은 아들을 율법 아래서 십자가에 못 박았다. 이와 같이 사랑은 행동으로 표현되며, '하나님은 사랑이시다.'라는 주장도 거기에 행동이 수반되지 않으면 무의미하다. "우리는 하나님을 사랑한다"는 고백에 행동이 수반되지 않을 때 그것이 무의미한 것과 마찬가지다(요일 2:1-6; 4:7-21).

십자가에서 우리는 하나님의 사랑의 행동을 대면한다. 그 사랑은 우리로 하여금 그분에 대한 반응으로 행동하게 만든다. 이론과 실천은 한데 결합되어 있지만 쉽게 분리될 수도 있다. 따라서 기독교가 계속해서 인간의 믿음뿐 아니라 행동의 신앙으로 남으려면, '하나님 사랑'의 실천적인 속성과 그에 따른 '인간 사랑'의 실천적인 속성을 지녀야 한다.

  최근 들어 십자가를 '도덕적', 혹은 '본보기적'으로 이해하는 것에 상당한 관심이 쏠리고 있다. 그 이해에 따르면 십자가는 우리를 위한 하나님의 사랑을 보여준다. 그뿐이다. 악의 권세나 사망의 권세에 대한 그리스도의 승리나 그리스도의 죽음이 갖는 대속적 성질 등과 같은 기독교 전통의 본질적인 부분은 '비평 이전의 것'으로 여겨져(교만하고도 단순하게) 무시되어버린다. 이와 같이 그리스도의 죽음에 대한 환원주의적 접근은 계몽주의 시대에서 그 원인을 찾을 수 있다. 계몽주의 변증학자들이 11세기 신학자인 피터 아벨라드에게서 자신들의 견해에 대한 역사적 선례를 찾으려 하지만 오늘날에는 신뢰하기 어려운 것으로 간주되고 있다. 그리고 이 속죄 이론이 십자가에 대한 기독교적 접근을 나타내기는커녕 철저한 왜곡에 불과하다는 인식이 점차 커지고 있다.

  그리스도의 죽음이 우리를 위한 하나님의 사랑을 나타낸다는 중대한 통찰에는 논란의 여지가 있을 수 없다. 하지만 십자가의 전체 의미가 오직 이 통찰에만 담겨있다고 말하는 것은 환원주의를 부적절하게 사용하는 것이다. 그것은 십자가에서 얻을 수 있는 많은 통찰 중 하나이며 심지어 (서구의 문화적 기준에 의하면) 가장 중요한 통찰이다. 하지만 그것이 유일한 통찰은 아니며 그렇게 취급될 수도 없다.

'도덕적' 속죄 이론은 계몽주의 사상가들이 기독교 전통의 통찰들 (부활, 성육신 등)을 제거하는 간단한 방법이었다. 즉 예수 그리스도의 죽음이 자기희생에 대한 최고의 본보기, 다시 말해 도덕 선생으로서 그분 삶의 가장 적절한 도덕적 절정을 보여주었다고 주장함으로써 제거한 것이다. 물론 그와 같은 자기희생의 영광스러운 행동이 없었다면, 예수 그리스도는 계몽주의 사상들에게 소크라테스나 부처, 혹은 무함마드보다 뛰어난 존재가 되지 못했을 것이다. 그리스도의 죽음도 그저 다른 사람들에게 자기를 내어주는 희생적인 삶처럼 계몽주의 문화가 높이 평가하는 미덕들을 고취하는 것 외에 다른 목적에는 기여하지 못할 것이었다. 그러나 예수 그리스도 안에서 우리는 한 사람-특별히 훌륭하고 경외심을 불러일으키지만 결국 인간이었던-을 인식해야 한다. 예수 그리스도는 사람이 보여줄 수 있는 모든 미덕을 보여준다. 그것을 보여주는 정도의 차이만 있을 뿐이다.

계몽주의에게 예수님은 다른 사람들과 정도의 차이가 있을 뿐 종류 면에서는 차이가 없었다. 예수님은 모든 사람의 능력 안에 있는 것을 보여주시며, 우리가 그분의 멋진 본보기를 따라하도록 고취하신다. 계몽주의의 합리주의, 도덕주의, 자연주의는 모두 예수님에 대한 이런 이해에 만족했으며 도덕적 속죄 이론을 위한 길을 열어주었다.

예수님은 하나님이 우리를 사랑하신다는 것을 보여주신다. 그리고 그렇게 함으로써 하나님에 대해 받아들일 수 없는 견해들(예를 들어 하나님이 우리에게 화가 나 있으시다는 것, 모종의 만족을 원하신다는 것)을 물리치신다. 인간의 기본적인 문제는 하나님에 대해 혼란스러워하거나, 오해하기 쉽거나, 잘못된 개념들을 가지고 있어 그것을 바로잡아야 한다는 것이다. 예수 그리스도의 죽음은 하나님이 사랑이시라는 것을 입증하며, 우리가 그에 대한 보답으로 하나님을 사랑하도록 감동시킨다.

도덕적 속죄 이론의 철저한 합리성은 분명하게 드러날 것이다. 합리주의자들이 받아들이기 어려울 만한 가정은 하지 않으며, 예수님의 역사가 지닌 거북하거나 당혹스러운 측면(특히 계몽주의가 실제로 일어나지 않은 것으로 간주하는 부활)은 철저히 도덕적이고 합리적인 복음을 위해 무시해 버린다. 하지만 그런 이론을 채택하는 사람들에게는 중대한 어려움이 남아있다. 예수 그리스도가 하나님이 아니라면 십자가에 나타난 것은 하나님의 사랑이 아니다. 하나님의 사랑이 어떠한 것인지 단편적으로 보여줄 수는 있지만, 십자가에서 죽으신 분이 하나님이 아니라는 점에서 십자가를 통해 계시된 것은 결코 하나님의 사랑이 되지 못한다.

사랑은 인격적이며 주로 행동으로 나타난다는 것을 기억해야 한다. 그러므로 하나님이 우리를 "사랑하신다"고 말하는 것은 그분을 대단히 인격적인 견지에서 이야기하는 것이며, 그분을 하나의 인격, 하나의 행위자로 생각하게 한다.

계몽주의자에게 하나님은 본질적으로 그런 인격적 용어에 어울리지 않는, 이성적이고 도덕적인 원리였다. 무엇보다도 '성육신'이라는 개념이 거부된다. 십자가에서 고난당하고 죽으신 분이 우리와 같은 인간이라는 것이다.

사실상 십자가의 의미에 대한 계몽주의의 이론은 다음과 같다. 예수가 십자가에서 죽으신 것은 한 인간의 다른 인간에 대한 사랑의 최대치를 보여주며, 이것을 통해 모두가 그와 동일한 일을 하도록 격려하고 힘을 준다는 것이다. 십자가에서 계시된 것은 하나님의 사랑이 아니라 인간의 사랑이다. 따라서 하나님은 이 장면에서 매우 쉽게 제외될 수 있으며, 그렇게 되어도 상황에 별다른 차이가 없다.

속죄의 도덕적 이론과 관련하여 가장 어려운 점은 아마도 십자가의 철저한 모호성일 것이다. 십자가에서 얻을 수 있는 유일한 통찰이 하나님이 우리를 사랑하신다는 것이라면, 그분은 왜 그처럼 모호한 방식으로 사랑을 보여주시는가? 하나님은 이 중심적 통찰을 보다 직접적이고 모호하지 않게 계시하실 수 없었을까?

계몽주의는 십자가에 대해 대안적이면서도 훨씬 더 그럴듯한(그들이 하나님께서 십자가에 관여되어 있다는 개념을 거부한 것에 비추어볼 때) 해석들—예를 들어 하나님은 가학적이며 의인이 고난받는 것을 즐기신다, 하나님은 존재하지 않는다, 존재는 무의미하다 등—을 무시하거나 간과할 수 있다고 느꼈다.

사실상 계몽주의는 많은 기독교적 통찰 중 하나를 십자가의 의미로 삼고—우연히도 그들이 동의할 수 있었던 것—그것을 십자가에 대한 결정적 해석의 위치로 격상시켰다. 하지만 교회는 십자가와 부활의 의미를 지속적으로 성찰하는 과정—그것은 다른 중요한 통찰들(계몽주의자들이 거부할 수 있다고 느낀)이 생겨나게 한 과정이기도 하다—을 통해 어렵게 이 통찰을 얻었다.

앞에서 보았듯이 계몽주의의 '교만하고 단순한 정신'의 함정을 피하려면, 우리는 항상 어떻게 기독교적 통찰을 얻을 수 있는지, 어떻게 기독교가 그 신앙을 배웠는지 물어보아야 한다. 또한 여기에는 십자가로 돌아가는 것, 계몽주의가 버린 것을 다시 배우는 것, 그 의미와 권능을 재발견하고 자신의 것으로 만드는 것이 포함된다.

그렇다면 예수 그리스도의 십자가에서 자신을 계시하신 하나님은 누구이신가? 우리는 실제로 어떤 하나님에 대해 말하고 있는가? 루터의 대단히 시사적이고 담대한 문구를 빌면, 그분은 바로 "십자가에 달리시고 감춰지신 하나님"이다. 지금부터 바로 그 하나님에 대해 살펴보고자 한다.

5
십자가에 달리시고 감춰지신 하나님

예수 그리스도의 십자가를 통해 하나님이 계시되고 인간의 경험이 조명된다.

하지만 신자가 고난받고 죽어가는 그리스도의 섬뜩한 광경을 묵상할 때, 거기에는 하나님이 전혀 나타나지 않으며, 거기 나타나는 유일한 인간의 경험은 겉보기에 무의미하게 느껴지는 고통뿐이라고 인식하지 않을 수 없다.

그리스도의 십자가에서 하나님이 발견된다면, 하나님은 그 신비 안에 감춰져 있는 것이다. 그리고 인간의 경험이 그 십자가에 의해 조명된다면, 조명되는 경험들은 죽음을 통해 절정에 이르는 고통, 유기, 무력함, 절망감 등이다. 즉 하나님이 이 상황에 전혀 임재하지 않으시거나 놀랍고 역설적인 방식으로 임재하시거나 둘 중 하나다.

하나님이 이 상황에 임재하신다고 주장하는 것은 하나님에 대해 생각하는 하나의 문을 닫고 다른 문을 여는 것이다. 이는 십자가가 하나님에 대한 특정한 사고방식의 끝을 나타내기 때문이다.

다시 말해 십자가는 우리에게 하나의 선택을 제시하며, 하나의 결정을 강요한다.

하나님을 십자가의 명백한 패배와 유기에서 찾을 것인가, 다른 곳에서 찾을 것인가를 결정하는 것이다. 이 통찰들을 마땅히 요구되는 진지함으로 다루는 것은 하나님과 신자의 경험에 대해 진정 기독교적으로 생각하기 시작하는 것이다.

이 장에서 우리는 '예수 그리스도의 십자가와 부활에서 계시된 하나님은 누구신가?'라는 질문에 관심을 기울일 것이다. 이 질문은 대단히 중요하다. 결코 피해서는 안 된다.

기독교 전통은 하나님이 예수 그리스도의 십자가와 부활을 통해 자신을 명확하게 계시하셨으며, 기독교 신학은 하나님이 자신을 알리신 대로 그분께 관심을 기울여야 한다고 주장한다.

우리는 '신성'이나 '영원한 실재' 같은 추상적 개념이 아니라 성금요일을 부활절로 바꾼 배후에 대해 다룬다. 십자가의 고난과 수치를 통해 계시된 하나님은 누구신가? 그리고 그 고난은 우리가 겪는 고난과 어떤 관련이 있는가?

십자가의 겸손과 수치

1518년에 마틴 루터는 하이델베르크에서 그가 속한 수도회 회원들에게 말씀을 전해달라는 요청을 받았다. 그 무렵 루터는 숙명적 역할을 담당하기 시작했으며, 많은 사람이 그의 말을 들으려고 모여들었다. 그는 몇 가지 간결한 진술로 수년 전부터 그의 마음을 사로잡았던 생각들을 표현했다. 그것은 바로 '하나님이 어떻게 알려지며, 어디에서 발견되는가?' 였다. 그중 가장 간결하고 중요한 진술은 다음과 같은 것이다. "피조물에 나타난 하나님의 비가시적인 것들을 지켜보는 것만으로는 신학자라 할 수 없다. 고난과 십자가에 나타난 하나님의 가시적인 뒷모습을 보는 사람만이 신학자로 불릴 만하다."

루터의 생각에 의하면, 우리는 창조세계에서 우리가 보고 싶어 하는 것들로부터 눈을 돌려 유쾌하지 않고, 위협적이고, 당혹스러운 무언가에 시선을 고정시켜야 한다. 그것은 바로 예수 그리스도의 고난과 십자가다. 거기에서 하나님은 굴욕당하고, 버림받고, 무력하고, 죽어가는 그리스도로 자신을 공개적으로, 그리고 가시적으로 나타내신다. 루터의 입장에서 볼 때, 우리는 하늘의 영역으로 들어가는 길을 추론하고, 철학적 사색을 통해 하나님의 모습을 추론함으로써 그분을 발견하려는 생각을 모두 버려야 한다. 그 대신 하나님이 모든 사람에게 자신을 계시하셨던 역사적 사건을 보아야 한다. 하나의 사건에 나타난 하나님의 자기 계시를 통해, 세상으로부터 도피하는 것으로 하나님을 발견하려는 것은 불충분하고 부적절하다는 것이 드러난다. '하나님'이 어떤 분이어야 하는가에 대한 인간의 모든 개념은 부적절하고 우스꽝

스러운 것으로 밝혀지며, 그렇게 이성과 지혜의 실패를 통해 굴욕을 당한 우리는 하나님을 십자가에 달리시고 죽어가시는 그리스도 안에서 자신을 계시하신 분으로 생각하지 않을 수 없게 된다. 우리는 하나님에 대한 우리의 선입관(곧 살펴보겠지만, 그것은 하나님 자신보다 플라톤과 아리스토텔레스에게 훨씬 더 영향을 받은 것이다)을 제쳐놓고, 하나님이 자신을 나타내기로 하신 공개적이고, 역사적이고, 눈에 보이는 사건에 주의를 집중해야 한다. 루터에게 하나님은 "십자가의 겸손과 수치"에서 계시된다. 그리고 우리는 거기에서 그분을 찾고 발견하며, 우리가 발견한 것을 곰곰이 숙고하는 법을 배워야 한다.

하나님이 스스로를 낮추셔서 "십자가의 겸손과 수치"를 통해 자신을 계시하셨던 것처럼, 우리도 하나님을 만나려면 자신을 낮춰야 한다. 자신의 통찰과 사색 능력을 신뢰하기보다 어디에서 하나님을 찾아야 하는지 들을 준비를 하면서 자신을 낮춰야 하는 것이다. 우리는 우리가 선택하고 하나님이 계시되기를 바라는 곳에서 눈을 들어 우리에게 주어지는 곳을 바라보아야 한다. 인간 사상의 역사가 보여주듯, 우리는 자연의 아름다움에서, 영감을 받은 인간의 예술 작품의 찬란함에서, 혹은 자신의 깊은 내면세계에서 하나님을 발견하고 싶어 한다. 하지만 우리는 기독교 신앙에서 유일하게 권위를 갖는 상징이 유기와 처형이라는 것을 깨달아야 한다. 우리는 죽어가는 그리스도의 모습에 사로잡힌다. 하나님은 자신을 하나의 역사적·세상적 실재로 만드심으로써 사색적 신학을 무너뜨리셨다. 때문에 우리는 바라던 것과는 반대로, 힘들게 얻은 철학적 통찰을 재고하고, 심지어 포기하지 않으면 안 된다. 하나님이 십자가에 달리신 예수 안에서 자신이 원하시는 방식대로 스스로를 계시하신 것을 받아들이기 위해서다. 하나님은 인습타파주의자가 되신다. 우리가 하나님을 찾아내려는 시도를 반박하면서 자신을 계시하시고, 하나님에 대해 우리가 깔끔하게 정리해놓은 개념적 모습들을 산산이 부수시기 때문이다. 이와 같이 십자가는 하나님이 근본적으로 통제할 수 없는 분임을 나타낸다. 하나님은 우리 사고의 틀을 깨시는 분이다. 루터의 말대로 "완전히 처음부터 다시 시작해야 한다." 우리가 대하고 있는 하나님, 십자가에서 우리에게 말씀하시는 하나님은-루터의 담대한 표현에 따르면-"십자가에 달리시고 감춰지신 하나님"이다.

하나님의 감춰진 계시

하나님은 십자가를 통해 계시되었다. 그러나 하나님은 마치 그곳에 계시지 않는 것처럼 보인다. "나의 하나님 나의 하나님 어찌하여 나를 버리셨나이까!"라는 무시무시한 유기의 부르짖음은 십자가에서 하나님께 버림받은 것을 절실히 느끼게 한다. 이 부분이 바로 루터가 말하는 "하나님의 가시적인 뒷모습"이 필요한 곳이다. 루터는 시내산에서 모세가 경험한 것에 호소한다. 거기에서 하나님은 모세에게 "네가 내 등을 볼 것이요 얼굴은 보지 못하리라"(출 33:23)고 선언하신다. 즉 모세는 하나님의 얼굴(하나님으로 인식할 수 있는 하나님의 계시) 보는 것을 거부당한다. 대신 실제지만 인식하기 어려운 하나님의 계시를 받는다. '그리스도의 고난과 십자가'에서 계시되는 분은 다름 아닌 하나님 자신이지만 그분은 하나님으로 인식되지 못한다. 하나님이 어떤 모습이어야 하는지, 그리고 그분의 계시가 어떤 형태를 취해야 하는지에 대한 우리의 전제 때문이다. 우리는 하나님의 창조에서 '하나님의 얼굴'이 계시될 것을 기대하지만, 그것을 발견하지 못하거나 우리가 발견한 것을 우상으로 만든다.

루터에게 있어서 피조세계는 하나님에 대한 잠정적 개념을 계시한다. 그것은 하나님이 어떤 분인가를 이해하는 데 부적절하지만 '접촉점' 역할로는 적절하다. 하나님은 자신에 대한 이런 잠정적 개념을 스스로 다루시고, 그것을 기반으로 하는 동시에 무너뜨리신다. 십자가는 우리가 형성하거나 받은 '하나님'에 대한 개념들을 다루면서 그 개념들을 허물어뜨린다. '참된 신학과 하나님을 아는 지식'이 그 자리를 대신하기 위해서다.

하나님의 본성에 대한 기독교적인 이해는 하나님을 지배하고 통제하려는 우리의 노력이 다 무너진 폐허 속에서 생겨난다. 하나님을 교과서적으로 이해하려는 시도가 무너진 후에야 하나님은 단지 하나님이시며, 우리가 하나님이 어떤 분이어야 하는지, 혹은 어떤 방식으로 자신을 계시하셔야 하는지 지시하기보다, 하나님이 자신을 알리신 대로 그분께 반응해야 한다는 것을 깨닫게 된다. 신학과 기독교 신앙은 살아계신 하나님을 만나고 경험하는 것과 관련이 있다. 거기에는 하나님의 본성에 대한 사전적 개념을 제쳐놓는 것이 포함되며, 이 결정적인 만남은 십자가를 통해 일어난다.

물론 십자가는 부활을 통해 그 의미를 부여받는다. 따라서 성금요일의 아픔은 부활절의 승리에 비추어 보아야 한다. 부활은 하나님의 임재가 그 상황에 숨겨져 있음을 드러내면서, 하나님이 십자가의 유기를 뒤집으시는 것을 확증하고 나타낸다. 우리는 십자가가 신적인 힘을 감춘 채 외관상의 연약함을 보여준다는 생각과 양의 탈을 쓴 신학적 늑대라는 생각을 버려야 한다. 부활의 힘은 오히려 십자가에 달리신 그리스도의 진짜 연약함을 통해 드러났다. 그것은 그저 약함과 죽음의 탈을 벗어버린 것이 아닌, 변혁하시는 능력을 지니신 하나님의 역사를 입증한다. 그리스도는 우리를 위해, 우리와 같은 사람으로, 죽어야 하는 운명과 연약함을 우리와 공유하시면서 십자가를 지셨다. 그가 경험하신 연약함, 절망, 고난, 죽음 모두 우리가 경험하는 것들이다. 그리스도는 이 고난의 지옥을 통과하셨으며, 그것을 하나님께 드렸다. 그렇게 인간 곤경의 가장 어두운 측면에 존엄함을 부여하셨다.

부활은 초대 그리스도인들로 하여금 하나님께 버림받았다고 생각했던 분이 하나님에 의해 영광으로 다시 살아나셨음을 깨닫게 해주었다. 그들이 십자가로 다 끝났다고 생각했던 사명도 시작에 불과하다는 것이 드러났다. 그래서 신약성경에는 그와 같이 놀라운 변화로 인한 믿기 힘든 결론들을 표현할 때, 입증, 회복, 변혁, 높임이라는 위대한 주제들이 자주 등장한다. 성경을 기록한 사람들이 책의 끝부분이라고 생각했던 것이 서언에 불과하다는 사실이 입증되었다. "우리 주 예수 그리스도의 아버지 하나님을 찬송하리로다 그의 많으신 긍휼대로 예수 그리스도를 죽은 자 가운데서 부활하게 하심으로 말미암아 우리를 거듭나게 하사 산 소망이 있게 하시며"(벧전 1:3). 죽음과 절망의 상징에서 새로운 생명과 소망의 상징으로 변화되면서, 십자가는 새로운 견지에서 인식되고 새로운 의미를 부여받았다. 즉 처음에는 죽음과 상실만을 의미한다고 생각했던 상황이 뒤집어지면서 '죽음을 통한 생명'과 '상실을 통한 회복'이라는 위대한 기독교적 주제가 나온 것이다.

그렇다면 왜 십자가를 하나님이 우리에게 말씀하시고 그분 자신을 계시하시는 곳으로 생각해야 하는가? 십자가 죽음을 해석함에 있어서 부활이 갖는 중요성을 생각할 때, 왜 부활이 하나님의 본성과 목적을 나타낸다고 보지 않는 것인가? 이 질문은 이 책이 연구하는 중심 부분에 이르게 한다. 기독교의 믿음은 이 땅을 살아가면서 자신의 상황과 궁극적 운명을 이해하려 애쓰는 사람에게 주어진다. 그것은 십자가 죽음과 부활의 유형을 가리킴으로써 우리가 처한 현재의 상황을 조명하고 변혁시킨다. 그 유형은 예수 그리스도의 운명에 나타났으며 신자들이 믿음으로 파악하고 자신의 것으로 만든 것이다.

믿음을 통해 우리는 십자가에 달리시고 부활하신 분의 운명이 우리의 운명이라고 확신하게 된다. 우리의 개인적 역사를 십자가의 이야기에 비추어 해석하는 법을 배우는 것이다. 이와 같이 십자가는 그리스도인의 삶의 역설들을 비추는 거울이다. "(우리는) 상속자 곧 하나님의 상속자요 그리스도와 함께한 상속자니 우리가 그와 함께 영광을 받기 위하여 고난도 함께 받아야 할 것이니라 생각하건대 현재의 고난은 장차 우리에게 나타날 영광과 비교할 수 없도다"(롬 8:17-18).

신자가 의미를 추구하는 일은 하늘의 영역이 아니라 지금 이곳에서 일어난다. 필요한 것은 장차 일어날 변혁이 아니라 인간이 처한 현재의 상황에 직접 말해주는 상징이다. 우리는 정말로 지금 여기에, 인간이 경험한 것들의 모순과 혼란들 속에 하나님이 임재하신다는 확신이 필요하다. 무의미함과 고난과 죽음의 세상에서 하나님은 어디 계시는가? 하늘에는 하나님이 계실지 모른다. 하지만 여기에도 계시는가?

바로 이와 같은 이유로, 바울이 지적한 길을 따르는 기독교 전통은 부활에 비추어 해석한 십자가를 하나님이 계시하신 최종적이고, 결정적이고, 규범적인 중심으로 규정했다. 오직 그 십자가만이 실존에 대한 기독교적 이해의 기초이며 토대가 되어야 한다. 오직 그것만이 교회의 교리와 행동, 믿음과 행위를 판단하는 기준이 되어야 한다. 오직 그것만이 그리스도가 부재하다고 믿는 세상, 하나님을 밀어냈다고 믿는 세상을 향한 그리스도 선포의 기초가 되어야 한다. 이 모든 일을 통해 우리는 '예수 그리스도의 고난과 십자가'에 임재하셨던 '십자가에 달리시고 감춰지신 하나님'께 단단히 매달리는 것을 배워야 한다. 다른 방법으로는 붙잡을 수 없었을 하나님이 우리에게 자신을 주셨기 때문이다.

십자가 아래 사는 삶에는 부활절에 비추어 성금요일을 살아가는 것이 포함된다. 하나님이 십자가의 고난에 부재하셨거나 관여하지 않으신 것이 아니라, 기묘하고 감춰진 방식으로 임재하시고 일하고 계셨다는 것을 알기 때문이다. 그 방식은 시간이 지나 영원으로 바뀔 때 온전히 밝혀질 것이며 부활에 의해 조명될 것이다. 그러므로 그리스도인의 삶에는 십자가와 부활 사이의 변증법, 곧 긴장이 존재한다.

성금요일의 두드러진 특징인 모순과 혼란과 의심은 부활절의 놀라운 사건들을 통해 해결된다. 하지만 그리스도인들이 세상에서 겪는 많은 경험의 특징은 바로 이러한 모순과 혼란과 의심이라는 사실이 남는다. 우리는 부활을 '아직' 아닌 동시에 '이미 존재하는' 것으로 인식해야 한다. '지금 여기'에 개입하여 그 상황을 바꾸지 않고-현재의 상황을 새로운 관점에서 보게 한다는 것 외에는-그것을 조명해주는 '그때 거기'인 것이다. 때문에 하나님이 밀려난 것처럼 보이는 세상에서 그리스도인의 실존의 순전한 신비는 이미 십자가에 나타났고 부활로 해결되었다.

그리스도인의 삶이 당혹스럽고 모순된 성질을 지니고 있다는 사실은 현대의 신자들이 새롭게 발견한 것이 아니라 예로부터 대대로 내려온 그리스도인의 삶의 영속적인 특징이다. 이 문제의 중요성은 사회적·문화적 환경과 여러 가지 상황으로 둔화될 수 있지만, 자신들의 정체성과 적실성, 실존이 어려움에 처하는 위기의 순간에는 개인과 교회 모두 이 문제를 생각하지 않을 수 없다.

십자가에 달리신 하나님

'하나님은 어디에서 발견되는가?'라는 질문에 '십자가만이 우리의 신학이다.'라고 말하는 것은 사실상 십자가가 하나님에 대한 최종적인 결론이라고 말하는 것이다. 하나님에 대한 특유의 기독교적인 개념은 십자가에 나타난다. 뒤에서 이러한 통찰들을 고난과 악의 문제와 관련해서 살펴볼 것이다. 하지만 지금은 그보다 더 중요한 문제에 주의를 기울일 것이다. 그것은 바로 '하나님'이라는 말의 의미를 상당 부분 잃어버린 세상에서 하나님에 대해 어떻게 말할 수 있는가? '하나님'이라는 단어를 어떻게 권위 있게 사용할 수 있는가? 하는 것이다.

이 질문에 대답하기 전에, 최근 북미와 서유럽의 많은 저자들이 그들의 문화에서 하나님이 '죽었다'는 주장에 미혹을 받아왔다는 점을 지적해야 한다. 다시 말해 특정 집단에서는 북미나 서유럽에서 '하나님'에 대해 말하는 것이 계몽주의 이후 문화의 발전으로 인해 무의미해지고 적실성이 결여되었다고 밝혀진 개념을 사용하는 것으로 가정한다.

북미와 서유럽 사회 일각에서 '하나님'이라는 용어와 개념에 상당한 태도의 변화가 일어났다는 주장은 어느 정도 사실이다. 하지만 이 관찰을 다른 문화권(예를 들어 '하나님'이라는 용어가 문화적 경직성을 나타내지 않는 2/3에 해당하는 세계)에 그대로 적용하거나, 심지어 이것이 문화적 상황에서 영구적이고 발전하는 변화를 나타내기 때문에 앞으로는 기독교가 그 개념들을 전달할 수 없을 거라고 주장하는 것은 어리석은 일이 될 것이다.

문화적 상황은 변하며 그와 더불어 '하나님' 같은 개념의 적실성에 대한 인식도 변화한다. 따라서 만일 기독교 교회가 자신의 선포와 지속적인 실존의 적실성에 대한 인식을 결정하는 데 외적 사항들을 의존한다면 곧 문화적 소용돌이에 갇히게 될 것이다. 문화를 뒤따라가면서 교회의 선포 내용을 계속적으로 조정하려 하기 때문이다(여기에서는 의도적으로 '뒤따라가다'라는 말을 사용한다. 대부분의 기독교 교회가 그런 변화에 반응하는 데 수십 년이 걸린다는 관찰에 기초한 것이다. 그때쯤에는 원래의 변화가 새로운 발전들로 대체되어 그런 반응의 취지가 다소 희미해진다).

기독교가 현대 사회를 모방하기보다 그 사회를 상대로 기독교 자체를 전하려 한다면, 언제나 그랬듯 지금도 역시 기독교가 자신의 정체성과 적실성을 판단할 수 있는 내적 판단기준에 대한 근본적 통찰을 되찾아야 한다.

십자가에 달리신 그리스도의 부활과 직접 관련이 있는 복음 선포는 하나님이 가장 분명하게 주신 기독교 신앙의 한 측면이며, 조금 심하게 표현하면 그것이 '적절하지' 않을 경우 이것을 복음 선포의 중심 요소로 만드신 하나님의 잘못이 된다.

겉보기에 세련되지 못하고 '부적절해 보이는' 복음 선포의 배후에 반드시 하나님의 능력이 보여야 한다. 그 능력은 의심과 염려의 시대에 기독교 교회와 그리스도인의 신앙을 유지해왔다. 우리는 복음에 대한 확신을 회복해야 한다. 우리가 그것을 창의적인 인간 정신의 산물로 보기보다 하나님이 주신 것으로서 신뢰할 용기를 잃어버린 것 같기 때문이다.

"내가 너희 중에서 예수 그리스도와 그가 십자가에 못 박히신 것 외에는 아무것도 알지 아니하기로 작정하였음이라…… 너희 믿음이 사람의 지혜에 있지 아니하고 다만 하나님의 능력에 있게 하려 하였노라"(고전 2:2-5).

그러므로 모든 것에도 불구하고 우리는 계속 '하나님'을 말해야 한다. 그렇다면 그 용어를 통해서 우리가 의미하는 바는 무엇인가? 이 말을 할 때 우리는 듣는 사람들이 무엇을 생각하기를 기대하는가? 이 질문과 함께 우리는 십자가의 온전한 능력과 적실성을 기독교적 선포에 적용하기 시작한다.

이제 서로 관련되어 있으면서도 매우 다른 두 질문을 살펴보자. 둘 다 믿음을 가지지 않은 사람에게 자신의 믿음을 설명하거나 변호하려 했던 사람들에게 낯익은 질문이다.

1. 하나님이 계시지 않는 것처럼 느껴질 때, 어떻게 하나님을 발견할 수 있는가?
2. 고통과 시련으로 가득 찬 세상에서 어떻게 하나님을 믿을 수 있는가?

첫 번째 질문은 하나님이 밀려날 수밖에 없었던, 그리고 '하나님'이라는 단어를 새로 배워야 하는 문화적 상황에서의 하나님에 대한 지식을 다룬다. 두 번째 질문은 신정론(theodicy)을 다룬 것이다. 하나님과 고통 및 고난과의 관계다. 1, 2차 세계대전 같은 사건들의 위력, 특히 아우슈비츠와 히로시마의 공포가 점차 서유럽과 북미 사람들의 양심에서 제거되고 있지만, 그것들은 여전히 많은 사람의 강렬한 기억 속에 남아 하나님과 고난의 문제를 간과하지 못하게 한다.

다음에 이어지는 두 개의 소제목을 중심으로 우리는 이 질문들을 각각 살펴보고, '십자가의 신학'이 거기에 어떻게 대답하는지 알아볼 것이다.

'하나님'을 다시 배우기

디트리히 본회퍼에 따르면 현대 사회는 "마치 하나님이 존재하시지 않는 것처럼"(etsi Deus non daretur) 산다. 전 세계적으로 보면 이 말은 사실과 거리가 있다. 하지만 현대 서구 문화의 특정 집단에게는 분명한 사실이다. 많은 사람에게 삶은 하나님과 관계없이 사는 것이며 '하나님'이라는 말은 인간의 경험과 그 어떤 접촉점도 없는 하나의 법전이나 암호문으로 전락했다. 미래의 '종교 없는 사회'를 지향하는, 역행할 수 없는 발전에 관한 1960년대의 많은 판단들이 지금은 매우 비현실적인 것처럼 보이지만, 여전히 '하나님'이라는 단어에서 아무런 의미를 찾지 못하는 사람들이 있다. 즉 '하나님'이라는 용어는 처음부터 다시 가르쳐져야 한다.

기독교 변증학의 전통적 무기는 이런 상황에서 거의 쓸모가 없다. 하나님의 존재에 대한 논증, 최상의 시기에도 설득력을 지니지 못했던 그 논증들은 여기에서 아무 소용이 없는 것이다. 그 까닭은 그것이 하나님(혹은 면밀한 연구로 그렇지 않다는 것이 밝혀지기까지 하나님이라고 주장되는 것)이라는 개념과 관련되어 있기 때문이다. 문제는 하나님이라는 개념이 아니라 하나님의 실재다. 하나님이라는 개념은 이후에도 아무 어려움 없이 계속 회람될 것이다. 기독교 교회가 이 분야에 대한 책임을 정말로 진지하게 받아들이지 않는다면 결국 그 말이 사상사 교과서에서만 남게 된다 해도 말이다. 그러나 긴급한 질문은 하나님의 실재에 관한 것이다. 하나님은 어떻게 자신이 밀려난 세상 안에서, 그리고 그 세상에 선포될 수 있는가?

이 점을 염두에 두고 우리는 십자가로 눈을 돌린다. 예수 그리스도의 죽음을 지켜보는 사람들에게는 하나님이 그 상황에서 밀려나신 것처럼 보였을 것이다. 하늘에서 내려와 그 죽어가는 사람을 자유케 하고 되살리시는, 바로 그러한 상황을 기대하고 있던 사람들 앞에서 돌풍을 일으킨 '해결사'는 없었다. 십자가에서의 "나의 하나님 나의 하나님 어찌하여 나를 버리셨나이까!"라는 무시무시한 절규는 하나님의 부재나 적어도 부재하신 것으로 인식된 상황을 신랄하게 표현한다.

우리 모두가 현대에 생겨났고, 현대에 사는 사람들만 느끼는 것이라고 생각하는 믿음의 위기는 사실 갈보리에서 탄생했다. 그리스도가 숨을 거두신 순간은 하나님이 역사하시는 방식에 대한 사람들의 이해에 종지부를 찍었다. 개입하심으로써 변혁을 이루실 것을 기대했던 사람들은 하나님이 무능하거나 존재하지 않는다는 결론을 내릴 수밖에 없었다.

이것이 우리가 하나님을 실제로 경험할 수 있다는 것을 부인하는 것은 아니다. 대부분의 그리스도인에게는 하나님의 임재하심에 대한 경험이 매우 강렬하여 이른바 '기쁨의 도취'에 사로잡히곤 한다. 즉 신자가 하나님의 임재 안에서 기뻐하는 것은 매우 정상적이고 건강한 측면이다. 하지만 하나님이 부재하실 때, 모든 것이 어두워 보이고 몹시도 길게 느껴지는 시간이 있다. 바로 이런 시간에 우리는 모든 것이 어둠으로 보였던 순간, 하나님이 부재한 것처럼 보였던 역사적인 어느 순간으로 돌아가게 된다. 우리는 하나님이 겉보기에 모순된 것처럼 보이는 이상한 방식으로 그분의 세상에 임재하시고 활동하셨던 것을 기억한다. 그것에 대해 십자가의 신비는 가장 믿을 만한 지침이 된다. 어떤 의미에서 하나님에 대한 우리의 모든 생각, 세상에서 믿음을 이해하려는 모든 시도는 착각이다. 살아계신 하나님을 요약하는 것 자체가 매우 부적절한 일이기 때문이다.

하나님의 부재를 의식하는 순간 우리는 하나님이 부재한 것처럼 보였던 역사상의 또 다른 순간을 생각하게 된다. 기독교가 그리스도께서 갈보리에서 십자가에 달려 돌아가시던 가장 어둠의 순간에 그 뿌리를 둔다는 것은 상기할 만한 가치가 있다. 성금요일이 부활절로 바뀔 때 그 어둠이 빛으로 변한 것은 믿음의 어두운 밤이 가고 마침내 부활 생명의 새벽이 오리라는 그리스도인의 소망의 기초가 된다. 하지만 그 사이 우리는 "우리의 구원이 처음 믿을 때보다 가까웠음이라 밤이 깊고 낮이 가까웠으니"(롬 13:11-12)라는 것을 알고 위안을 얻으면서, 어스름한 믿음의 세계에서 계속 분투한다. 십자가는 현재의 실상으로 남아 있으며 부활은 미래의 소망이다. 그리고 그 소망은 현재에 개입하여 상황 자체가 아니라 상황에 대한 우리의 이해를 변화시킨다. '지금 여기'를 밝혀주는 것은 '그때 거기'다. 하지만 '지금 여기'는 여전히 '그때 거기'로 남는다.

바울은 십자가의 '지금'과 부활의 '그때' 사이의 이러한 긴장을 고린도전서에서 개진한다. 앞에서 보았듯이 그 서신서는 앞으로 올 시대가 이미 완성되었다고 주장했던 사람들을 향한 것이다. 바울은 '상을 이미 받았다'고 주장하는 사람들에게 현재는 궁극적인 승리의 목표로 이어지는 분투와 충돌의 때라고 대답했다(고전 9:24-27). 그는 지금 여기에서 승리와 구원의 완성을 맛볼 수 있다는 주장을 미성숙한 것으로 취급한다. 현재는 분투와 불확실의 때, 하나님이 상황을 변혁시키리라는 소망이 지배하는 때이며 계속 그래야 한다. '이미'와 '아직' 사이의 긴장에 대한 바울의 이해는 특히 성찬식에 대한 논의에서 분명하게 나타난다. "너희가 이 떡을 먹으며 이 잔을 마실 때마다 주의 죽으심을 그가 오실 때까지 전하는 것이니라"(고전 11:26). 현재는 미래를 확신하는 기대에 비추어 해석된다. 하지만 그 미래는 아직 '그때 거기'인 채로 남아 있다. 그리스도인의 실존을 지배하고 특징짓는 것은 바로 이러한 긴장이다. 그것을 제거할 수 있다고 생각한다면 우리 믿음의 뿌리를 이해하지 못하는 것이다.

세속적이고 불경한 세상에서 기독교 선언의 기초를 제공하는 것은 하나님의 부재에 대한 이해다. 하나님을 이해할 수 없다고 단언하는 사람들에게 우리는 이해하려는 노력을 중단하고 십자가를 묵상하라고 권한다. 십자가는 수많은 묘사와 초상화를 통해 쉽게 시각화할 수 있는, 구체적이고 유형적인 역사적 사건이다. 그것은 난데없이 끌어낸 어떤 개념이 아니라 묘사될 수 있는 인간 역사에서 나온 한 장면이다. 또한 그 이야기 속에는 당시의 절망과 낙담-예수 그리스도의 죽음에서 절정에 이르는-이 포함되어 있다. 따라서 부활절이 밝아오고, 제자들의 기쁨이 묘사되고, 복음의 놀라운 확장이 증명되면서 우리는 하나님이 거기 계시지 않는다는 느낌을 직접 다룰 수 있다.

중대한 질문은 '무슨 일이 일어나고 있었는가?'이다. 다시 배워야 하는 '하나님'이라는 말은 죽음이 생명으로 변하는, 밤이 낮으로 변하는, 절망이 기쁨으로, 상실이 회복으로 변하는 이 드라마의 보이지 않는 배후다. 이제 질문은 '당신은 하나님을 믿습니까?' 혹은 '당신은 하나님에 대해 생각할 수 있습니까?' 가 아니라, 하나의 역사적 사건에 대한 질문 '당신은 무슨 일이 일어났다고 생각하십니까?' 가 되어야 한다.

이렇게 함으로써 우리는 하나님에 대한 형이상학적 질문들과 문화적 의식에 대한 질문들로부터 다른 곳으로 주의를 돌려 기독교 신앙의 뿌리이며 바탕, 초대 그리스도인들의 믿음의 초기 사건, 그리고 오늘날 동일한 믿음의 잠재적 근거가 되는 사건에 대한 논의로 나아간다. 실제로 무슨 일이 일어났는가? 그리고 우리는 그것을 어떻게 설명해야 하는가? 그에 대한 대답, 그리고 그 대답에 주어지는 또 다른 대답들은 십자가 사건 이후 기독교가 존재한 시기 전체에 주어진 답변들과 맘먹을 것이다. 하지만 그 논의는 형이상학적 추론이라는 다소 난해한 분위기가 아니라 하나의 사건, 곧 하나의 세상적 상황에 근거를 둔다.

하나님에 대한 우리의 선포는 현실에서 이루어진다. 언제나 그래야 했다. '하나님'이라는 단어를 다시 배워야 하는 사람들에게 우리는 잠정적인 정의를 제시할 수 있다. 그리고 그것에 기초해서 또 다른 통찰들을 얻을 수 있을 것이다. 그것은 바로 '하나님'이 성금요일을 부활절로 바꾼 존재라는 것이다.

십자가에 달리셨던 예수 그리스도의 부활로 우리는 하나님을 예수 그리스도를 죽은 자 가운데서 다시 살리신 분, 십자가에서의 죽음이라는 상황을 극적으로 변화시키시고, 그 결과 십자가와 우리 자신의 상황에 대한 관점 모두를 극적으로 변화시킨 분으로 생각하게 된다. 또한 그것은 우리로 하여금 예수의 정당함이 입증되고 그분이 높임을 받으셨다는 견지에서 예수 그리스도의 인격과 가르침을 고찰하지 않을 수 없게 한다.

우리는 예수를 죽은 자 가운데서 다시 살리신 분-인격이든 권세든-이 예수의 인격과 메시지 둘 다와 밀접하게 연결되어 있다는 것을 알고, 그것을 부활의 관점에서 고찰한다. 십자가에 달리신 예수 그리스도를 다시 살리신 그 권세(혹은 인격)는 복음을 통해 믿음으로 우리에게 유효한 것이 되거나 자신을 유효한 분으로 만든다. 빈 십자가는 빈 무덤만큼이나 하나님의 능력이 약함 안에서, 그 약함을 통해 유효하게 되었다는 것을 웅변적으로 말한다.

이 점은 중요하다. 이것이 변증적으로 적절하기 때문만이 아니라 그 기저에 있는 신학적 단언 때문이다. 십자가의 신비를 통해 하나님은 인간의 역사와 세상 안에서 식별될 수 있다. 하나님은 세상의 옷을 입으셨다. 사색의 유혹을 받는 사람들과 그런 사색이 무의미하다는 것을 발견한 사람들이 세상에서 일어난 역사적 사건을 통해 하나님을 발견하는 법을 배우게 하시기 위해서다. "태초부터 있는 생명의 말씀에 관하여는 우리가 들은 바요 눈으로 본 바요 자세히 보고 우리의 손으로 만진 바라"(요일 1:1).

사도 요한이 하나의 역사적 사건 안에서 유형적 존재가 되신 하나님 이야기를 전개하면서 느끼는 이 엄청난 놀라움은 도저히 간과할 수 없다. 자신들이 세상에서 만나는 것 이상의 실재는 없다고 전제하는 사람들도 하나님을 믿는 믿음으로 나아오는 일에서 배제되지 않는다. 이는 하나님께서 하나의 세상적 사건을 통해 우리와 만나주시기 때문이다. 우리는 그 사건을 묘사할 수 있고, 재연할 수 있고, 다음과 같은 중대한 질문의 출발점으로 삼을 수 있다. '이 놀라운 사건의 배후에는 누가, 혹은 무엇이 있는가?'

십자가는 기독교 신앙과 세속 세계의 접촉점이다. 기독교 변증가들이 기독교의 경계선 밖에 있는 사람들에게 축소된 형태의 믿음을 전달하기 위해 활용했던 문화적 타협과 실존주의적 환원보다 십자가가 훨씬 더 적합하다. 말하자면 십자가는 기독교 변증학의 공인된 매체다. 그것은 불신자들과의 접촉점을 제공하는 동시에 '세상이 더 잘 받아들일 만한 것으로 만들려는' 잘못된 시도와 타협하지 않으면서 기독교 신앙의 진정한 정체성을 유지해준다. 십자가에 대한 그와 같은 선포를 통해 하나님은 자신을 배척한 세상으로 다시 들어오신다.

고난 속에 감춰진 하나님

기독교 신앙은 지중해 세계로 확장되는 과정에서 하나님의 본성에 대한 여러 다른 이해를 만나게 되고 그 이해들과 충돌하게 되었다. 그중 하나는 하나님이 이 세상과 완전히 분리되어 계시며 세상에 관여하지 않으신다는 것이었다. 이 하나님은 고난과 고통 너머에 계시기 때문에 인간 실존의 중대한 국면에 관여하지 않으신다. 이런 개념-종종 신적 아파테이아(apatheia, 격정이나 외계의 자극에 동요하지 않는 초연한 마음의 경지-역주)라고 불렸다-은 기독교적 사고에 영향을 끼치기 시작했으며 토마스 아퀴나스가 제기한 바와 같이 하나님의 본성에 대한 고전적인 중세의 이해에 통합되었다. 지금까지 상상하지 못했던 규모로 인간의 폭력과 고난을 경험하고 있는 현대인들은 하나님에 대한 이런 개념에 감정적으로 강력하게 반발해왔다. 그것은 특히 '저항적 무신론'(protest atheism)이라고 알려진 것을 통해 표현되었다.

이 '저항적 무신론'이 가장 자주 인용되는 유명한 예는 도스토예프스키의 소설인 『카라마조프가의 형제들』(The Brothers Karamazov)일 것이다. 19세기에 기록된 이 소설은 우연히 돌을 던져 장군의 개의 발에 상처를 입힌 한 소년 하인에 대해 이야기한다. 장군은 그 소년을 벌거벗긴 후 사냥개 무리 앞에서 달리게 했고, 사냥개들은 그의 어머니가 보는 앞에서 소년을 갈기갈기 찢었다. 이반 카라마조프는 이 이야기를 자기 동생 알료샤에게 말한 후, 그런 세상이 하나님의 세상이라는 것을 자신이 어떻게 받아들일 수 없는지 설명한다. "알료샤, 내가 받아들이지 않는 건 하나님이 아니야. 난 다만 아주 정중하게 차표를 반납하는 것뿐이야."

비슷한 견해들이 제2차 세계대전 이후 서유럽에서 표현되었다. 특별히 많은 유대인 저자들은 아우슈비츠에서 유대인들이 당한 고난을 보며 오직 무신론만이 그런 상황에 대한 타당한 반응이라는 결론을 내리게 되었다.

그렇게 하나님은 이 세상의 악과 고난 때문에 거부당한다. 하지만 그 결과 고난과 고통이 그치는가? 사람들이 악한 일을 중단하는가? 무신론을 신봉하는 국가들이 인간의 불행과 고통을 제거하거나 인권을 존중하는가? 인간의 고통은 여전하다. 하나님은 폐할 수 있을지 모르지만 악과 고난은 남아 있다. 하나님을 폐한 오늘날 누가 악에 대해 책임질 수 있는가?

하나의 신으로부터 해방되었다던 인류는 이제 신이 감당해야 하는 책임들을 이행할 능력이 없는 더 열등한 신의 노예가 되었다. 그 신은 바로 자기 자신이다. 하나님을 비판하는 사람들은 인간의 개념 세계에서 하나님을 없애버리면 세상의 악과 고난도 없어질 것이라고 믿으려 한다. 하지만 그런 일은 결코 일어나지 않는다.

무신론에 대한 지지는 인간의 고통을 조금도 경감시키지 못했다. 고난은 여전히 설명되지도 않고 물리치지도 못한 실재로 남아 있다. 무신론은 그것을 설명하지도 제거하지도 못한다. 모든 사회적·정치적 책략에도 불구하고, 인간의 고통과 고난을 완전히 제거한다는 것은 유토피아적 환상일 뿐이다. 인간이 처한 가혹한 상황을 해결해주기는커녕 오히려 가속화시키는 꿈이다. 이반 카라마조프가 하나님께 그의 차표를 돌려드릴 수 있을지는 모르지만, 그와 같은 절망적인 저항의 몸짓에도 불구하고 고통과 고난을 뚫고 미지의 목적지로 가는 그의 여행은 계속된다. 설령 그것이 자신의 기대나 취향에 미치지 못하는 여행이라 해도 세상을 정지시키고 거기서 뛰어내릴 수 없다. 인생은 계속된다. 우리의 모든 항변을 무시한 채 말이다.

무신론이든 혁명적 마르크스주의든 그 어떤 이데올로기도 악의 수수께끼를 해명하지 못했다. 하물며 해결은 더더욱 불가능했다. 악은 세상의 모든 저항적 무신론이 제거하지 못한 실재의 냉혹한 특징이다. 게다가 그것은 모든 의미를 잃어버리게 한다.

그러한 악과 고난의 어둠 속에서 복음은 환한 빛을 비춘다. 하나님이 우리와 함께 우리 곁에서 우리의 고난과 고통을 함께하신다는 것이다. 기독교가 세상에 준 강력한 통찰 중 하나는 하나님이 자신의 부드러운 자비로 인간의 고난에 들어오셨고 그 안에 신성의 향기를 불어넣으셨다는 것이다. 하나님은 우리보다 먼저 거기 계셨다. 이런 통찰을 잃어버리는 것은 인간 실존의 중심적이고 제거할 수 없는 요소가 무의미하고 헛되며 끊임없는 물음표라고 주장하는 것과 다르지 않다. 그러므로 고난 때문에 하나님을 폐하는 사람들은 부지불식간에 그 고난에서 인간의 모든 존엄함과 의미를 제거해버리는 것과 같다.

고난과 악의 존재가 우리로 하여금 더 이상 하나님을 믿지 못하게 한다는 견해는 철저히 현대적인 개념이다. 계몽주의 이전의 그리스도인 사상가들은 악의 존재에 의해 제기된 문제들을 잘 알고 있었다. 교부 시대의 이레니우스와 어거스틴의 글, 중세 시대의 토마스 아퀴나스의 글, 종교개혁 시대의 루터의 글들은 이 사실에 대한 웅변적이고 적절한 증거다. 하지만 계몽주의 사상가들이 불신의 근거로 간주하는 똑같은 어려움이 루터와 다른 사람들에게는 성찰을 더 자극하는 것으로, 하나님의 본성과 목적, 특히 예수 그리스도의 죽음과 부활에 나타난 본성과 목적을 더 깊이 고찰하는 동기로 여겨졌다.

왜 그러한가? 사실은 변한 것이 없다. 세상은 여전히 "인정사정없다"(테니슨). 그리고 인류가 폭력과 잔인함으로 치닫는 경향은 다소 억

제될 수 있어도 완전히 제거되기는 어렵다. 변화된 것은 이 사실들에 대한 해석이다. 그것은 마치 계몽주의가 전통적인 기독교적 틀을 버린 것을 정당화하기 위해 '자연적인 반신학'(natural anti-theology)을 찾고 있는 것과 같다. 하지만 사실들 자체는 결코 그런 결론을 요구하지 않으며, 하나님의 본성에 대한 우리 자신의 이해 및 그 이해가 기초하는 원천에 대해 더 자세히 검토할 것을 요구할 뿐이다. 즉 '십자가의 신학'은 계몽주의가 무신론의 기초로 간주한 것과 동일한 사건들에 대한 다른 해석이다.

왜 그런 고난과 고통 때문에 우리가 하나님으로부터 등을 돌려야 하는가? 18세기의 철학자 데이비드 흄 시대부터 '실현 가능한 최고의 세상'에 대한 논증들은 다소 무의미하다는 사실이 널리 인정되었다. 즉 인간이 처한 모든 상황에는 어느 정도의 고통과 고난이 있다는 것이다. 고난과 고통이 제거될 수 있는 세상이 창조되었을 거라고 말하는 것은 고통과 고난이 지금보다 더욱 더 만연하고 전횡적인 세상이 창조될 수도 있었다는 주장만큼이나 무의미하다. 사상들을 아무리 이리저리 매만지고 개선한다 해도 악이라는 냉혹한 실상은 제거하지 못할 것이다. 또한 히로시마나 아우슈비츠에 대해 하나님을 비난하는 것-이 논쟁에 대해 일부 별나고 책임감 없는 사람들은 마치 이 비극에 인간의 역할이 전혀 없었던 것처럼 이야기하곤 한다-은 예수 그리스도의 죽음에 대해 유대 민족 전체를 비난하는 것만큼이나 비현실적이다.

하나님과 고난에 대한 그런 감정적 논의의 첫 번째 희생자는 보통 현실감이다. 히로시마나 아우슈비츠 모두 인간이 다른 인간들을 향해

저지른 인간적 비극이다. 그리고 그것이 모두 하나님의 잘못인 양 핑계 대는 것은 다시는 그런 일이 일어나지 않게 하는 가장 비효과적인 방법이 될 것이다. 히로시마를 초토화시킨 폭탄은 분명 하나의 환상을 폭로했다. 그것은 역사 발전을 통제할 수 있다는 믿음에 기초한, 필연적 진보에 대한 세속적이고 유토피아적인 믿음이다.

하지만 하나님이 고통과 고난과 죽음을 막기 위해 모든 위기마다 일일이 간섭하신다는 환상은 이미 오래 전에 갈보리에서 깨졌다. (하나님이) 자기 아들을 아끼지 아니하시고 우리 모든 사람을 위하여 내주셨다(롬 8:32). '예수'라는 이름의 온전한 의미-임마누엘, "하나님이 우리와 함께 계시다"(마 1:23)-는 갈보리에서 하나님이 우리와 함께 우리를 위해 고난을 받으실 때 드러났다. 즉 하나님은 우리의 고통과 고난 가운데 우리와 함께 계신다.

십자가는 "고난 가운데 감춰진 하나님"(루터)에 대해 말한다. 십자가는 하나님의 뜻에 순종하는 것을 통해 고난과 고통이 제거된다고 말하지 않는다. 오히려 우리가 그렇게 말하는 것을 금한다. 갈보리에서 하나님은 인간의 고통과 고난의 어둠 속으로 들어오셨고 절멸의 위협에 직면하셨다. 그리고 그것과 대면하셨고, 그것을 인식하셨고, 있는 그대로 드러내고 칭하셨으며, 정복하셨다.

한때 무의미하고 헛되었던, 인간 실존의 불가피하고 제거할 수 없었던 측면이 이제는 의미로 가득 차게 되었다. 그것은 영광스럽고 구속적이며 존엄하다. 하나님이 그런 고통과 아픔을 구원과 변화의 도구로 바꾸셨기 때문이다.

우리의 상황이 너무나 어두웠기에 하나님 자신이 그것을 밝히기 위해 들어오시고 거하셔야 했다. 사람이 무의미하고, 위협적이고, 불가피하다고 간주한 바로 그 경험 속에서, 하나님은 우리와 동일화되기로 결정하셨다. 하나님은 인간의 고난과 고통을 몸소 알고 경험하신다. 그리고 우리가 하나님의 형상과 모양으로 만들어진 것처럼(창 1:26-27) 하나님의 고난과 수난에도 동참한다. 하나님의 형상으로 만들어졌다는 것에는 하나님의 고통에 참여하라는 초대가 수반된다. 따라서 다음과 같은 루터의 말을 생각해볼 만하다.

> 십자가의 신학자(즉 십자가에 달리시고 감춰지신 하나님에 대해 말하는 사람)는 고난, 십자가, 죽음이 무엇보다 가장 귀한 보물이며 가장 신성한 유물이라고 가르친다. 이 신학의 주님이 자신의 가장 거룩한 육신과 가장 거룩한 뜻을 품으심으로 그것을 거룩하게 하시고 복 주신 결과다. 뿐만 아니라 주님은 이러한 유물들을 여기 남겨두시어 사람들이 입 맞추고, 추구하고, 받아들이게 하셨다. 하나님으로부터 그리스도의 이 보물들을 받을 만하다고 인정된 사람은 얼마나 복되고 행복한가!

십자가의 신학은 악과 고난을 있는 그대로 고찰하도록, 그리고 그런 경험 속에서 우리를 향하신 하나님의 구속적 사랑을 인식하도록 초청한다. 우리가 하나님 사랑에 수반되는 고난과 고통을 깊이 인식하지 않으면 그 사랑을 경험하는 것이 불가능한 것처럼, 우리는 전에 보지 못했던 우리의 죄가 드러나는 것을 통해 죄사함을 경험한다.

바로 이 시점에서 다음과 같은 질문이 등장한다. '저항적 무신론'은 어떤 하나님을 향한 것인가? 우리는 실제로 어떤 '하나님'에 대해 말하고 있는가?

앞에서 우리는 하나님에 대한 고전적 이해로서, 전능하시고 영원하시며 불변하시는, 세상과 멀리 떨어져 계신 하나님을 살펴보았다. 하나님에 대한 이런 이해는 종종 '고전적 유신론'이라 언급된다. 그리고 '저항적 무신론'의 의의는 그것이 하나님에 대한 이와 같은 이해를 반대하는 것처럼 보인다. 다시 말해 무신론은 기본적으로 반(反)유신론이라는 것이다. 전통적인 유신론에 따르면 하나님은 고난을 당하실 수 없다.

그러나 기독교 전통에 따르면 예수 그리스도는 하나님이자 사람으로서 십자가에서 고난을 받고 죽으셨다. 바로 그 존재에 의해, 십자가는 우리가 다루고 있는 하나님에 대한 개념을 열심히 살펴보게 한다. 하나님에 대한 이 두 개념을 동시에, 그리고 무비판적으로 융합시킬 수 없기 때문이다. 우리는 하나님에 대한 고전적인 유신론적 개념을 버리거나 십자가가 우리가 하나님을 아는 지식의 중심적이고 결정적인 초점이라는 논제를 버려야 한다. 후자에는 이전의 행동과정을 수용하면서 기독교 전통의 온전함을 해치는 것이 포함된다. 그렇게 함으로써 하나님에 대한 우리의 사고에 유용하지 않고 적극적으로 오해를 일으키기 쉬운 영향력을 제거하는 것이다.

'고전적 유신론'의 부적절함은 오래전부터 알려져왔다. 프랑스의 철학자이자 수학자인 파스칼은 '철학자들의 하나님이 아니라 아브라함과 이삭과 야곱의 하나님'을 만나야 했다. 고전적 유신론의 입장에 따르면 하나님은 절대 변하지 않으시기 때문에 그 어떤 일도 행하지 않으신다. 즉 하나님은 어떤 생명의 징표도 보여주지 않으시며, 그 모든 취지와 목적에 대해 사실상 죽은 존재와 같다.

기독교 전통은 죄인을 사랑하시는 하나님에 대해 주저 없이 말하는 동시에 어렵게 알게 된 이 통찰을 포기하지 않으려 한다. 고전적 유신론의 하나님은 '사랑'이라는 말의 어떤 의미로도 "사랑하신다"고 표현될 수 없기 때문이다. 기독교 전통은 행동하시고, 사랑하시고, 주시는, 그리고 고난받으시는 하나님에 푹 젖어 있다. 이런 개념은 아리스토텔레스가 말하는 제1 원인으로서의 부동의 원동자(Unmoved Mover)(육체적으로도 감정적으로도 움직이지 않는!), 즉 세상을 전혀 의식하지 않고 세상의 고통과 고난에 평온하며 태연한 존재와 거리가 멀다.

과거 수십 년간 현대 무신론을 막다른 골목으로 이끌고, 너무나 오랫동안 하나님에 대한 기독교적인 성찰의 목을 조른 것이 바로 이 고전적 유신론의 하나님이었다는 의심이 커져왔다. 이런 통찰은 새로운 것이 아니다. 루터는 아리스토텔레스의 영향으로 하나님의 개념이 왜곡된 것에 대단히 비판적이었던 중세 저자들 중 맨 마지막쯤에 있는 사람이었다. '십자가에 달리시고 감춰지신 하나님'—십자가 신학의 하나님, 갈보리의 하나님—에서 우리는 고전적 유신론과 그에 대한 반응으로 일어난 여러 형태의 무신론 둘 다의 억압으로부터 해방될 수 있는 무기를 받는다.

이 억압의 한 예는 다음과 같다. 아주 오래된 질문을 하나 생각해보

자. 하나님이 완전히 선하시고 전능하시다면 왜 고난을 허용하시는가? 이 질문은 고전적 유신론이 규정한 용어들로 철학 잡지들에서 거듭 논의되었으며, 그 결과 무신론을 크게 촉진시키는 결과를 가져왔다. 하지만 그 질문에 나오는 용어들은 무엇을 의미하는가? 예를 들어 '선하다'는 말은 무슨 의미인가? '전능하시다'는 말은 무슨 뜻인가? 이 용어들에 고전적 유신론과는 철저히 다른, 어떤 명확한 기독교적 통찰이 있지 않은가?

　이 점에 대해 먼저 전능함이라는 개념과 관련하여 살펴보자. 하나님이 '전능하시다'는 것은 무엇을 의미하는가? 고전적 유신론자에게 그것은 하나님이 논리적 모순으로 귀착되지 않는다면 무엇이든 자유롭게 하실 수 있다는 의미다. 그래서 하나님이 삼 면으로 된 사각형을 만들 수 없다는 사실은 그분의 전능함에 대한 위협으로 여겨지지 않는다. 하지만 그 외에는 무엇이든 할 수 있으시다. 예를 하나 들어보자. 하나님은 우주를 창조하실 자유가 있으시다. 또한 우주를 창조하시지 않을 자유도 있으시다. 다시 말해 둘 중 어느 것이든 하실 능력이 있다. 하지만 명백히, 둘 다는 아니다.

　기독교 전통의 하나님은 자신에게 열려 있는 가능성들을 살펴보시는 하나님이라기보다 행동하시는 하나님이다. 일단 하나님이 창조하기로 결정하시면, 더 이상 창조하지 않는 선택권은 열려 있지 않다. 그리고 일단 하나님이 어떤 행동 과정에 참여하시기로 하면, 논리적으로 가능성이 있을 만한 다른 무언가를 이루는 것을 배제하신다. 다음의 두 가지 가능성을 생각해보라.

1. 사람이 되는 것
2. 사람이 되지 않는 것

첫 번째 가능성을 행동으로 옮기면 두 번째 가능성이 배제된다. 하지만 이것은 하나님의 전능하심이 모자라서가 아니다! 보다 정확히 말하면 그것은 바로 그 전능함을 발휘함으로써 일어난다!

더 중요한 것은, 하나님이 전능하시다면 그분은 그 전능함을 한쪽으로 치워놓고 자발적으로 자신의 행동에 특정한 제한들을 부과할 수 있는 자유도 있어야 한다는 것이다. 극적이긴 하지만 좀 더 실제적으로 말한다면, 하나님은 자신의 손을 등 뒤로 묶을 수 있는 자유를 가지셔야 한다.

하나님의 전능하심에 대한 기독교적 이해는 자발적으로 자신의 행동을 제한하시는 하나님이다. 고전적 유신론의 하나님은 아무것도 행하지 않으시기 때문에 언제나 열려 있는 가능성들을 심사숙고하신다. 그러나 '십자가에 달리시고 감춰지신 하나님'은 행동하신다. 그리고 행동하심으로써 다르게 나타날 수 있는 가능성들을 배제하신다.

그리스도인을 위해 하나님은 십자가의 굴욕과 수치에 자발적으로 자신을 굴복시키셨다. 그렇게 해야 할 외적 책임은 없었지만 자발적으로 자신의 전능하심을 제쳐놓으셨다. 우리가 절대 붙잡을 수 없는 분은 자신을 십자가의 못에 내어주셨다. 모든 창조물의 주인이신 전능하신 영광의 주님이 십자가의 수치와 무력함에 자신을 내어주신 것이다. 하늘에 별을 던진 손이 십자가의 못에 굴복했다.

'하나님의 전능하심'에 대한 고전적 유신론 개념의 몰락을 통해, 우리는 하나님이 행하시는 방식에 대한 통찰을 얻게 된다. 우리는 이런 개념의 '전능하심'에 친숙해져야 한다. 그것이 하나님을 이해하고 그의 교회 안에서 권위를 발휘해야 하는 모범으로서 십자가를 통해 우리에게 계시되기 때문이다. 그 '전능하심'은 상황논리로 규정되는 것이 아니라 십자가에서 나타난다. 그리고 우리에게는 전능하신 주님이 아니라 섬기는 왕이신 하나님의 모범이 주어진다. 교회가 '십자가에 대한 설교'를 통해 세상에 선포하는 것은 바로 그런 하나님이다. 이제 십자가에 대한 설교로 주의를 돌려보자.

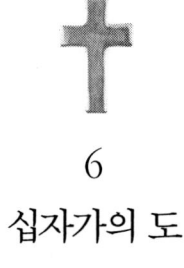

6
십자가의 도

그리스도에 대한 기독교 선포의 중심—"십자가의 도"(고전 1:18)—에는 하나의 실존적 도전이 놓여 있다. 즉 듣는 사람들에게 자신의 마음과 정신을 예수 그리스도의 인격으로 향하게 하라는 직접적이고 즉각적인 도전이다. 그것은 기독교 전통에 의해 오늘날까지 대대로 이어져 내려왔다.

기독교의 십자가 전파는 역사적이고 신학적인 진리의 확언들이 뒤집을 수 없이 혼합된 것이다. 곧 하나님이 예수 그리스도의 십자가에서 우리를 만나신다는 주장, 우리의 존재를 변혁시킬 수 있는 능력으로 그렇게 할 수 있다는 주장이다.

십자가 사건에 대한 교회의 기억은 설교를 통해 전해진다. 십자가 사건이 그에 대한 말씀을 듣는 사람들에게 다시 제시되고, 그것의 실존적 도전이 재확인되기 때문이다. 기독교 교회가 계속 존재할 수 있는지 없는지는 아직 태어나지 않은 세대가 십자가에 달리신 그리스도를 통해 보이지 않는 하나님에 대한 믿음을 갖게 할 수 있느냐에 달려 있다. 따라서 이 장에서는 십자가가 기독교 전파에 적절함을 밝히고, 전파하는 행위에 대한 신학적 기초를 확증할 것이다.

바울에게 있어 설교와 선교의 기초는 "십자가의 도"(고전 1:18), 즉 신앙 공동체 밖에 있는 사람들에게 이 땅에서 살아계신 하나님과 구속적이고 변혁시키는 만남을 가질 수 있다고 선포하는 것이었다. '십자가의 도' 기저에 있는 것은 인간의 언어가 그 모든 약함과 단점에도 불구하고 자신을 넘어 살아계신 하나님의 더 큰 실재를 가리킬 뿐 아니라, 하나님이 인간을 만나고 대면하시는 수단이 될 수 있다는 가정이다.

믿음은 들음에서, 그리고 그와 관련된 이해에서 온다(롬 10:14-17). 즉 인간의 언어는 하나님을 간단히 요약하여 다루기 쉬울 만큼 줄일 능력이 없지만, 우리가 살아계신 하나님을 만날 수 있는 틀을 확립한다. '십자가의 도'는 하나님과 동일시될 수 없다. 그것은 자신을 뛰어넘어 그 배후에 있는 보다 위대한 인격적 실체를 가리킨다. 또한 하나님의 임재와 활동의 유형을 규명하며, 그 유형은 인간의 실존을 조명하고 변화시키는 십자가와 부활에서 가장 극적으로 계시된다. 그것은 듣는 사람들에게 하나님의 임재와 활동 유형을 자신의 삶에 입력시키고, 예수 그리스도의 죽음 및 부활과 자기 자신의 상황을 연관시키게 한다.

즉 '십자가의 도'가 우리에게 말한다는 것을 깨닫기 위해 자신의 삶을 십자가와 부활에 비추어 해석하게 되는 것이다. '십자가의 도'를 선포함으로써, 각 세대는 그 동일한 십자가 아래로 돌아가 그것이 주는 도전과 요구에 직면하게 된다.

"믿음은 들음에서 나며 들음은 그리스도의 말씀(preaching)으로 말미암았느니라"(롬 10:17). '십자가의 신학'이 어떻게 설교를 조명하는가? 이 점의 중요성은 분명하게 밝혀질 것이다. 기독교는 생물학적으로 증식되지 않으며 모든 사람이 그리스도인도 아니다. 모든 사람이 '익명의 그리스도인'이라는 주장은 최근의 신학적 논증에서 나온 가장 존엄하지 못한 주장 중 하나일 것이다. 기독교의 주장에 무관심한 사람들에 더하여, 심지어 의식적으로 기독교를 거부하기로 결심한 사람들까지도 그들이 그것을 알든 모르든, 좋아하든 좋아하지 않든, 실제로는 그들이 그리스도인이라는 주장은 그들의 진실함에 대한 모욕이며 기독교 전파에 대한 왜곡에 불과하다.

믿음은 말씀을 들음에서 나며, 거기에는 우리 편에서 반응을 보이는 것이 포함된다.

교회의 확장—사회에서 권력을 행사하는 사람들이 기독교의 사회적·정치적 통찰을 진지하게 받아들이기 위해 필요한 전제조건—은 교회의 사명에 대한 의식을 회복하는 것에 좌우된다. 복음 선포는 서구 사회에서 기독교의 사회적 비전을 성취하기 위한 전제조건이며, 이 점을 피하려는 교회의 모든 시도는 기독교적 통찰에 기초한 사회 변혁의 비전을 유토피아적인 것으로 변형시킨다.

'그리스도에 대한 설교'는 앞으로 교회가 확장되고 공고히 하는 일의 열쇠를 쥐고 있다. 그것은 또한 서구 민주주의 전통에 교회가 선하게 개입할 수 있는 위치를 확립해준다.

기독교의 어휘

현대인들은 기독교의 복음 선포가 이해하기 불가능하다고 말한다. 물론 이토록 확신에 찬 사람들의 과장된 주장도 어느 정도 일리가 있다. 하지만 몇몇 사람들이 이 관찰에서 끌어낸 결론—기독교의 복음 선포가 시대에 뒤떨어진 것이며, 완전히 폐기하거나 모든 사람이 이해할 수 있는 세속적인 용어들로 재진술해야 한다는 것—에는 그 어떤 진리도 담겨 있지 않다.

불행하게도 복음의 세속적 의미는 분별하기가 쉽지 않으며, 복음에 대한 이런 식의 접근에서 나온 미미한 결론들조차 의심의 여지가 있다. 그러나 무엇보다 심각한 것은 이 접근이 전제하는 언어에 대한 다소 순진한 접근이다.

말의 의미는 전적으로 그 말 자체에 주어지는 것이 아니라 배경이나 문맥에 의해 결정된다. 경우에 따라 말의 의미 자체가 배경에 좌우되기도 한다. 몇 가지 예를 들면 이 점을 이해하기 쉬울 것이다. 나는 친구에게 다음과 같이 질문할 수 있다. "그 세트 얻었니(win)?" 이 질문에 대한 그의 대답은 그가 '세트'라는 말을 어떤 의미로 생각하느냐에 따라 달라질 것이다. 예를 들어 내가 테니스를 치는 친구를 보며 한 말이라면, 그는 '세트'가 '경기'라는 말의 배경이나 맥락이라고 추정했을 것이다. 그리고 자신의 테니스 경기가 어떻게 진행되고 있었는지를 말해줄 것이다. 다른 경우라면, 그가 혹 두 가지 상을 받을 수 있는 대회에 참가했을 수 있다. 은쟁반이나 도자기 세트 같은 것 말이다. 그러면 그는 내가 어떤 것을 받았는지 묻고 있다고 추정할 것이다. 이와 관련된 원리를 '다의성'(polysemy)이라고 하며 주어진 단어가 많은 의미를 가질 수 있음을 의미한다. 그리고 앞에서 본 것처럼, 의도된 의미는 보통 배경에 의해 주어진다.

다른 많은 상황에서도 그와 같은 일이 일어나고 있다. 예를 들어 당신은 '포인트가 어디에 있는가?'라는 질문을 받을 수 있다. 그리고 이 질문의 의미 역시 전후맥락에 의해 주어진다. 당신이 새로 일을 시작한 철도 신호원이라면 전철기(point) 등의 모든 장비가 어떤 위치에 있는지 확인하고 싶어 할 것이다. 새로운 집으로 이사 와서 전기 주전자로 물을 끓이려고 콘센트(power point)를 찾으려 애쓰는 중일 수도 있다. 혹은 학생들이 모음(점[point]으로 표시되는-역주)을 빠뜨려서 짜증이 난 고전 히브리어 교사일 수도 있다. 이처럼 이 원리는 일상생활에서도 얼마든지 볼 수 있다. 말은 상황마다 다른 의미를 지닌다. 그러므로 우리는 그 말이 어떤 맥락에 적용되는 것인지 분명히 해야 한다.

이 점은 루드비히 비트겐슈타인에 의해 강조되어왔다. 그는 "언어를 상상하는 것은 삶의 형태를 상상하는 것을 의미한다. ……말은 어떤 활동, 혹은 삶의 형태의 일부다."라고 말했다. 다시 말해 언어는 그 언어를 사용하는 사람들의 생활방식이라는 맥락 안에 있는 것들을 언급하는 데 사용된다. 같은 생활방식을 공유하지 않는 두 사람은 불가피하게 때로 서로를 이해하는 데 어려움을 느낀다. 한 사람이 다른 사람이 경험하지 못한 방식으로 말할 수 있기 때문이다.

앞에서 말했던 테니스 경기를 언급하는 데 사용된 '세트' 라는 말로 돌아가보자. 제3자가 우리의 대화를 듣고 있다고 치자. 그 사람은 테니스 규칙을 전혀 모르며 '세트' 가 무엇인지 알고 싶어 한다. 말하자면 테니스를 접하지 못한 문화권 출신이다. 이 경우 그에게 테니스 경기에 대해 설명하지 않는다면, '세트' 라는 말은 그에게 완전히 무의미한 단어가 된다. 그에게 테니스 경기를 설명해야만 비로소 '세트' 라는 말이 지닌 '테니스 경기에서의 특별한 의미' 가 부여된다. 이후에 그는 테니스 경기를 관람하면서 '세트' 라는 말이 자연스럽게 사용되는 것을 들을 수 있을 것이다. 간단히 말해 특정한 단어(그것이 새로운 단어든 익숙한 단어지만 생소한 방식으로 사용되든)를 이해하기 위해서는 그 단어에 의미를 부여하는 틀을 이해해야 한다. 비트겐슈타인이 정확하게 관찰한 것처럼, 언어의 사용은 생활방식의 틀 안에서 이루어지며, 그 언어를 이해하기 위해서는 그 생활방식을 이해하는 것이 필요하다.

이것을 염두에 두고 '예수가 구원하신다' 는 진술을 생각해보라. '구원하다' 라는 말은 이미 수많은 정황을 통해 우리에게 익숙한 말이다. 예를 들면 어떤 사람이 물에 빠지지 못하게 하거나 골키퍼가 공이 골대에 들어가지 못하게 막는 것 등이다. 하지만 이것이 '예수가 어떤 사람을 물에 빠지는 것에서 구해준다' 거나 '예수가 공이 네트에 들어오지 못하게 막았다' 는 의미는 아니다. 단지 어떤 단어가 특정한 배경이나 맥락에서 사용되고 있으며, 그것에 의미를 부여하는 전체적인 생활 방식이나 실재를 이해하는 방식과 연관되어 있다는 의미다. 같은 단어가 다른 정황에서 사용되는 방식을 보면 그 의미를 예수님과 관련해서 이해하는 데 도움이 된다. 하지만 그 단어의 완전한 의미는 기독교 전통과 관련하여 실재를 생각하는 방식에 의해 나타난다. 즉 '구원하다' 라는 단어가 의미하는 바를 설명하려면 기독교적 세계관과 그 배경 속에서 그 단어가 지닌 구체적 기능을 설명해야 한다. 문제는 '구원하다' 라는 단어를 '세속적인 사람' 이 더 이해하기 쉬운 단어로 대체하는 것으로 해결되지 않는다는 것이다. 그 의미는 단어 자체가 아니라 그리스도인들이 그것을 사용하는 방식에 따라 결정되기 때문이다. 비트겐슈타인이 지적했듯이 "우리는 다른 사람들이 경기하는 것을 보며 그 경기를 배운다." 다시 말해 기독교적인 단어들이 사용되는 방식은 기독교 전통이 그 단어에 부여한 의미를 이해하면서 배워야 한다.

신약 시대 이래로 기독교 전통의 중심 주제는 변함이 없다. 즉 하나님이 잃어버린 세상을 자신에게로 회복시키려 하시며, 이 의도가 예수 그리스도 안에서 표현되고 진정한 가능성이 된다는 것이다. 하지만 예수 그리스도의 십자가와 부활로 이루어진 하나님의 구속적 활동에 대한 이런 핵심적 단언은 인간의 곤경이 취하는 구체적 형태에 초점을 맞춘다. 사람들이 경험하는 '잃어버려짐' 이 타국에서의 포로생활과 종살이라면 구원은 해방, 고국으로의 대탈출을 포함하는 것으로 이해된다. 또한 '잃어버려짐' 이 물질적 번영-주로 사회적 불의와 결합된-의 형태로 경험된다면 구원은 심판이라는 견지에서, 그리고 회개와 사회적 행동에 대한 명령이라는 견지에서 이해된다.

그리스도 안에 있는 구원의 복음 선포는 보편성을 지니고 있지만, 그 보편성은 그것을 듣는 사람들의 특별한 상황에 전달되어야 한다. 즉 그 상황 특유의 것이 되어야 하는 것이다.

다시 말해 복음 선포는 막연한 '담당자께'가 아니라 인간의 곤경이 취한 구체적 형태를 대상으로 한다. 따라서 설교자가 청중에게 기독교 선포의 온전한 풍성함과 적실성을 이해하기 쉽게 전달하려면, 청중들의 상황과 그가 전하는 복음이 그 상황에 어떻게 적절한지 알아야 한다. 인간이 처하는 상황의 복합성과 다양성은 구원을 이해하는 복합성과 짝을 이룬다. 따라서 기본적 통찰을 유지한다면, 그 구원은 일차적으로 예수 그리스도의 죽음과 부활을 통해 하나님과의 교제를 회복하는 것과 관련된다.

용어와 관련된 의미들은 보통 '범례'나 '모범 사례'로 알려진 것을 통해 표현된다. 다시 말해 어떤 말이 사용된 상황의 예를 제시함으로써 그 말이 사용된 방식과 그것이 지닌 의미를 예시하게 되는 것이다. 예를 들어 어린아이는 물에 빠진 사람을 구명정에 태워 바다에서 끌어내는 TV 프로그램이나 절벽 중간쯤 튀어나와 있는 바위에 매달려 있던 고양이 한 마리가 지나가던 운전자에게 구조되는 프로그램을 보면서 '구원하다'라는 말의 의미를 배울 수 있다. 그리고 이후부터 '구원하다'라는 말을 사람이나 동물이 위험한 상황에서 구출되는 상황과 관련시키기 시작한다. 이러한 것들이 그 단어의 의미를 예시하는 '범례'다.

마찬가지로 기독교의 어휘도 범례를 통해 배우게 된다. 성경에서 '구원하다'라는 말은 두 가지 경우에 사용된다. 즉 이스라엘 백성이 애굽의 속박에서 해방되는 것, 그리고 예수 그리스도께서 죽은 자 가운데서 부활하신 것을 통해 우리가 죽음에 대한 두려움과 죄의 속박에서 해방되는 것이다. 두 경우 모두 서술 형태로 진술된다. 다시 말해 기념할 만한 이야기들이다. 그 이야기를 '말함'으로써 '구원하다'라는 말의 기독교적 의미가 분명해진다. 그것은 어떤 사람들을 적대적이거나 위험한 상황에서 구해주시는 하나님의 행동이다. 그리고 '예수가 구원하신다'는 주장은 예수님의 십자가 죽음과 부활이라는 '범례'와 관련시킴으로써 그리 어렵지 않게 이해할 수 있다. 언어학적으로 예수 그리스도의 십자가 죽음과 부활이 지닌 의의는 그것이 기독교 어휘의 궁극적이고 규범적인 '범례'가 되는 것이다. 우리가 앞에서 주장했듯이 심지어 '하나님'이라는 말도 이 범례로부터 그 말의 온전한 의미를 얻게 된다고 말할 수 있다.

전통적인 기독교적 어휘가 교회 밖 사람들에게 그 의미를 잃어버렸기 때문에 그것을 세속적인 말로 대체해야 한다는 주장은 설득력이 없다. 과학기술 및 그와 관련된 어휘들의 급속한 증대가 보여주듯, 인류는 새로운 상황을 다루기 위해 자신의 언어를 각색하는 놀라운 능력을 지녀왔다. 기독교적 어휘의 경우에는 사용된 단어들이 예수 그리스도의 십자가 죽음과 부활-이야기 형태로 진술된 하나의 역사적 사건-이라는 범례로부터 특징적 의미를 갖는다. 십자가에 달리신 예수의 부활을 되풀이해서 말하는 것 자체가 '구원하다' 같은 말이 사용될 수 있는 틀을 확립함으로써 십자가의 사건에서 '십자가의 도'로 넘어가는 중대한 전이의 기초를 이룬다.

그리스도인이 된다는 것은 새로운 언어를 배우는 것, 적어도 옛 언어에 새로운 의미를 부여하는 것이다. 교회와 설교자들은 이것이 어렵다는 것을 인식해야 한다. 하지만 그것에 압도될 필요는 없다. 1세기의 헬레니즘 환경에서 기독교를 선포한 역사는, 사람들이 만난 모든 개념적·어의적 어려움에도 불구하고 '십자가의 도'가 이런 장애물까지 극복할 수 있는 의미와 능력으로 가득 차 있음을 나타낸다. 보다 최근의 예를 들면 이 점을 설명하는 데 도움이 될 것이다.

18-19세기에 인도로 간 유럽의 선교사들은 그들의 사역이 수많은 요소로 인해 심각한 방해를 받는다는 것을 알게 되었다. 첫째, 많은 사람이 서구 유럽의 도덕을 기독교와 혼동했으며, 결과적으로 청중들에게 불필요한(사실상 극복할 수 없는!) 장애물을 놓아두었다. 둘째, 그들 중 많은 사람이 신약 용어들 중 일부를 인도 방언으로 표현하는 데 어려움을 겪어 개념적 차원에서 기독교를 설명할 수 없었다.

하지만 19세기 초 벵골에서 있었던 세람푸르 선교단의 경험은 매우 교훈적이다. 예수 그리스도의 고난, 죽음, 부활에 대한 이야기가 놀라운 능력을 지닌 것으로 드러났다. 언어학적 문제 때문에 그것의 온전한 의미를 다 표현하기는 어려웠지만, 그 이야기 자체가 기독교적 선포의 기초로 적절하다는 것이 입증된 것이다.

그 후 십자가 죽음과 부활의 이야기는 선교사들이 그 의미를 해설하기 위해 사용한 용어들에 의미를 부여해주었다. 그때와 마찬가지로 지금도 설교자들은 자신의 설교 능력이 아니라 복음의 능력을, 그리고 예수 그리스도를 죽은 자 가운데서 다시 살리신 하나님을 확신하는 법을 배워야 한다.

결국 그것은 하나님의 복음이며, 하나님이 그리스도를 죽은 자 가운데서 다시 살리실 수 있다면 우리는 이 사실과 그 의미를 전달하는 것에 관련된 비교적 덜 심각한 문제들도 그분이 동일하게 잘 다루실 수 있다고 가정해야 하기 때문이다. 이것은 문제의 규모를 과소평가하는 것이 아니다. 단지 올바른 시각에서 바라보는 것이다.

복음 선포의 내용은 말의 형태를 띤다. 하지만 그 주제가 말과 동일시되어서는 안 된다. 그 말, 사상, 개념들 기저에 있는 것은 그 선포가 가리키는, 살아계신 하나님이라는 실재다. 세례요한과 마찬가지로 그것은 자신보다도 큰 무엇, 뭔가 다른 것, 우리가 만나게 될 한 인격을 가리킨다. 이 점을 개진하기 위해서는 하나님을 하나의 인격으로 말하는 것이 함축하는 바를 살펴볼 필요가 있다.

기독교 선포의 능력과 생명력

개념들은 말로 규정할 수 있으나 인격은 묘사할 수밖에 없다. 기독교 전통은 언제나 종말에 가서야 알 수 있는 부분이 있다고 이야기하면서도—하늘나라에서 하나님과 얼굴을 맞대고 만날 수 있다는 것—이 땅에서도 실제로 살아계신 하나님을 인식하고 만나는 것이 가능하다고 주장해왔다.

"우리가 지금은 거울로 보는 것같이 희미하나 그때에는 얼굴과 얼굴을 대하여 볼 것이요 지금은 내가 부분적으로 아나 그때에는 주께서 나를 아신 것같이 내가 온전히 알리라"(고전 13:12).

오랜 세월 동안 전해 내려온 그리스도인들의 경험은 하나님이 인격적 존재로 고찰되어야 한다는 것이었다. 이것은 '탕자의 비유' 같은 것을 통해 설득력 있게 표현된 개념이다.

인격적 존재들을 다룰 때 우리는 명제적 진술로 축소시킬 수 없는 하나의 범주를 다루게 된다. 더 간단히 말하면 인격적 존재는 축소될 수 없다. 그것과 '십자가의 도'를 선포하는 것의 관련성을 탐구하기 전에 이 점을 먼저 살펴보자. 어떻게 우리가 다른 인격적 존재, 이를테면 '홍길동'(여기서는 소설 '홍길동전'의 주인공이 아니라 우리가 주변에서 쉽게 떠올릴 수 있는 누군가를 지칭하는 말로 사용한다–편집자주)이라는 사람을 알게 되는가? 우리는 그에 대해 다음과 같이 진술할 수 있다.

1. 그는 남자다.
2. 그는 45세다.
3. 그는 바로크 음악을 좋아한다.

이런 식으로 우리는 얼마든지 이어갈 수 있다. 그의 키, 그의 몸무게, 주민등록번호 등을 나열하면서 말이다. 그에 대한 이 모든 내용은 사실일 수 있다. 하지만 그중 어느 것도 하나의 인격적 존재로서의 그가 어떤 사람인지 알려주기에 충분하지 않다.

우리는 누군가에 대해 많이 알고 있다고 생각할 때조차 실제로 그 사람을 만났을 때 생각과 실제가 얼마나 다른지를 너무 잘 안다! 따라서 첫 번째로 말할 것은 어떤 사람에 대한 진술을 기초로 그 사람의 모습을 그리는 것은 매우 어렵고, 사실상 불가능하다는 것이다. 즉 당신이 직접 그 사람을 만나 당신 스스로 그에 대한 인상을 형성해야 한다.

하나님도 마찬가지다. 우리는 하나님에 대해 온갖 진술을 할 수 있다. 하지만 그 모든 진술은 한 인격으로서의 하나님을 생생하게 떠올리는 데 도움이 되지 않는다. 우리는 하나님을 조우하고, 그분을 만나고, 그분을 경험해야 한다. 그렇게 우리는 하나님을 알게 된다.

이 점은 영어로 쉽게 설명할 수 있다. 영어에서는 누군가를 '아는 것'(knowing)과 그 사람에 '대해 아는 것'(knowing about)을 구분한다. 당신은 어떤 사람을 전혀 알지 못하고도 그 사람에 대해 알 수 있다. 대부분의 사람들이 미국 대통령이나 영국의 왕실 가족을 개인적으로 알지 못하면서도 그들에 대한 정보를 가지고 있는 것과 같다.

기독교는 우리가 그저 하나님에 대해 아는 것뿐 아니라 그분을 알 수 있다고 주장한다(요 17:3). 물론 하나님에 대한 진술들은 우리에게 도움을 준다. 하지만 그 진술 배후에 있는 인격적 실재를 표현하기에는 상당히 부적절하다. '홍길동'이라는 인물에 대한 우리의 진술이 그를 만나도록 준비하는 데 도움을 주지만, 그와의 인격적 만남을 대신할 수는 없는 것이다.

이 점을 좀 더 살펴보자. 인격적 관계는 정적인 것이 아니라 역동적이다. 그리고 그 관계는 발전한다. '홍길동'을 만날 때 우리는 그와 점점 친밀한 우정 관계로 발전하는 것을 발견하게 된다. 그것은 우리가 '홍길동'에 의해 변화되며, 그 또한 우리로 인해 변화된다는 의미다. 이것은 우리 모두가 경험으로 안다. 인격적 관계가 관련된 사람들을 어떻게 변화시키는지 말이다. 더 나아가 다른 사람들도 각각 다른 방식으로 '홍길동'과 관계를 맺을 것이다. 전기 작가들이 직면하는 가장 어려운 점 중 하나는 그 전기의 주인공을 아는 사람들이 그에 대해 놀랄 만큼 다른 여러 가지 생각을 갖고 있다는 것이다. 즉 각자의 생각이 그 사람의 서로 다른 측면을 반영하는 것이다.

이러한 관찰이 십자가를 설교하는 것과 어떻게 관련되는지는 분명할 것이다. 하나님에 대한 진술이나 예수 그리스도의 죽음과 부활에 대한 해석을 제시하는 것은 하나님에 대해 설교하는 것이다. 그것은 듣는 사람들에게 정보를 제공한다. 교육은 설교의 중요한 부분이지만 주 영역은 아니다. 설교의 주된 기능은 십자가를 다시 제시하는 것, 설교를 듣는 사람들이 이 땅에서도 살아계신 하나님을 만날 수 있다는 것을 깨닫게 하는 것, 그래서 그 만남을 위한 길을 준비하는 것이다. 그러한 만남은 하나님에 대한 청중들의 이해를 변화시킬 것이다. '홍길동'과의 직접적인 만남을 통해 그에 대한 이해가 변화되는 것과 마찬가지다.

그러므로 설교자의 과업은 하나님을 만나는 것의 필요성, 가능성, 실현성을 선포하여, 개인이 살아계신 하나님과 인격적으로 만날 수 있는 길을 준비하는 것이다. 세례요한처럼 그는 자신보다 더 크신 이-십자가에 달리신 그리스도-를 가리킨다. 사실상 설교자는 청중들에게 하나님이 가까이 계시다는 것을 선포하고, 그들이 그 하나님을 발견할 수 있는 곳-십자가에 달리시고 다시 살아나신 그리스도-을 향하게 하는 것이다. 복음의 배후에 하나님의 인격적 실상이 있기 때문에, 설교자는 자신이 사람들을 설복시켜 하나님 나라에 들어가게 해야 한다고, 자신이 그들에게 하나님의 풍요로우심을 설득해야 한다고 생각하는 잘못을 피할 수 있다. 거듭 말하지만 설교자의 역할은 그들이 하나님께서 그분을 만날 수 있게 하신 곳, 바로 그리스도의 십자가를 가리키는 것이다.

그리스도의 의미에 대한 이론만 설교하는 것은 축소된 그리스도를 제시하는 것이다. 바울에게 설교자의 기능은 "그리스도를 전파"하는 것이다(빌 1:15-18). 왕의 사자가 왕이 오는 것을 알리는 것과 마찬가지다. 설교자는 자신에게서 눈을 돌려 그의 믿음과 그의 말 기저에 있는 살아계신 실재를 가리켜야 한다. 이 실재와의 만남이 그의 선포를 확증해줄 것이다. 기독교가 사상이나 개념이 아니라 살아계신 하나님과의 만남에 대한 것이기 때문에, 설교자는 애초에 이 만남의 존재를 정당화하기보다 이 만남을 촉진하는 임무를 가지고 있다. 이런 점에서 복음서의 많은 내용이 예수님의 정체성에 대한 이론보다 그분이 사람들을 만나면서 그들에게 미친 영향을 더 많이 다루었다는 것은 의미심장하다. 한 가지 유추가 이 점을 잘 설명하는 데 도움이 될 것이다.

요한복음에서 우리는 빌립이 나다나엘에게 자신이 방금 만난 놀라운 분에 대해 말하는 것을 본다. "모세가 율법에 기록하였고 여러 선지자가 기록한 그이를 우리가 만났으니 요셉의 아들 나사렛 예수니라"(요

1:45). 그러나 나다나엘이 그리 진지하게 받아들이고 싶어 하지 않는 모습을 보이자 빌립은 "와서 보라"(요 1:46)고 권한다. 결국 나다나엘은 예수님을 만났으며, 그 만남을 통해 스스로 "랍비여 당신은 하나님의 아들이시요 당신은 이스라엘의 임금이로소이다"(요 1:47-49)라고 선언하게 되었다. 빌립은 여기에서 설교자, 즉 예수 그리스도를 선포하는 사람이 맡은 참된 역할을 보여준다. 그는 자신이 인식한 예수의 의미를 묘사했다. 그런 다음 자신의 말을 듣는 사람들이 그분과의 인격적인 만남을 통해 스스로 그분을 발견하도록 지도했다.

앞에서 보았듯이, 어떤 사람을 명제적 용어로 묘사하거나 정의하는 것은 불가능하다. 만남을 통해서만 그런 정의를 내릴 수 있다. 따라서 설교자는 예수 그리스도를 가리키고 청중들이 믿음의 도약을 통해 스스로 살아계신 하나님을 만나도록 유도해야 한다. 설교자는 이 믿음의 도약, 곧 창의적이고 변화시키는 모험이 부활하신 그리스도와의 구속적 만남으로 이어진다고 단언하면서, 자신의 경험과 대대로 내려오는 기독교 공동체의 경험을 이야기한다. 설교자의 선포 기저에 있으면서 그것을 뒷받침해주는 것은 설교자의 말 자체가 아니라 부활하신 그리스도와의 이러한 만남이다. 그 말들은 현재의 만남을 입증하고 그것을 묘사하려 한다. 그리고 이 만남이 아직 그것을 경험하지 못한 사람들도 경험할 수 있는 것이라고 단언한다. 이 시점에서 설교자의 말은 자신에게서 주의를 돌려 그 만남의 원천이신 분을 가리킨다. 그리고 이 영적 원천에서 나오는 것을 받으라고, "여호와의 선하심을 맛보아 알지어다"(시 34:8)라고, 살아계신 하나님이 우리에게 자신을 만나게 하시는 곳, 예수 그리스도의 십자가에서 그분을 만나라고 권유한다.

물론 예수 그리스도의 죽음과 부활의 정체와 의의에 대한 해석이 중요하지 않다는 것은 아니다. 이 책 전체에서 일관되게 주장하듯이, 그것은 교회의 정체성과 적실성의 필수적 토대라는 점에서 대단히 중요하다. 나는 단지 매우 쉽게 간과되는 점, 곧 그리스도인들이 어떤 개념이 아니라 인격적 존재를 선포한다는 점을 역설하는 것뿐이다. 개념은 변호되어야 하며 순식간에 구식으로 되어버린다. 또한 인격적 존재는 만나야 하고 그 만남의 결과가 지속적인 관계를 가져올 수 있다. 그러므로 설교자가 던져야 하는 핵심적 질문은 "왜 이 개념을 믿는가?"가 아니라 "어디에서 어떻게 내가 이분을 만날 수 있는가?"이다. 그리고 사람들이 예수 그리스도의 십자가와 부활을 향하게 한 후 '어디'와 '어떻게'를 알려주는 것이다. "형제들아 내가 너희에게 나아가 하나님의 증거를 전할 때에 말과 지혜의 아름다운 것으로 아니하였나니 내가 너희 중에서 예수 그리스도와 그가 십자가에 못 박히신 것 외에는 아무것도 알지 아니하기로 작정하였음이라"(고전 2:1-2). 하나님이 우리를 만나시기 위해 몸을 굽히신 곳, 그리고 우리가 믿음으로 반응해야 할 곳이 바로 이곳이다.

하나님에 대한 경험이 인격적 성질을 지닌다는 우리의 이해는 금세기에 들어 페르디난드 에브너, 마틴 부버, 그리고 '인격주의'(personalism)의 영향을 받은 사람들의 저술을 통해 명확해졌다. 부버는 우리가 삶에서 대단히 다른 두 가지 관계를 경험한다고 지적한다. 하나는 '나-그것'의 관계, 혹은 경험이다. 거기에서 우리는 수동적인 것(이를테면 탁자)과 관계를 맺는다. 그리고 또 하나는 '나-너'의 관계와 만남이다. 여기서는 능동적인 것(이를테면 다른 사람)과 관계를 맺는다. '나-그것'의 관계에서 우리는 언제나 능동적으로 주도권을 쥔다. 그래서 그것에 대해 더 잘 알게 되고 언제나 우위를 점한다. 하지만 '나-너'의 관계에서는 상황이 다르다. 그 관계에서는 상대방이 우리처럼 적극적이며 우리를 제치고 주도권을 쥘 수 있기 때문이다. 우리가 그에 대해 알아내려 애쓰는 동안 그는 우리에 대해 알아내려 애쓸지 모른다. 가장 중요한 것은 그가 우리에게 자신을 계시할 수도 있다는 것이다. 따라서 우리는 반드시 상대방에 대해 알려고 애쓸 필요가 없다. 그가 먼저 자신을 나타냄으로써 주도권을 쥘 수도 있기 때문이다.

이런 통찰들은 비록 비판을 받을 수 있지만 하나님이 우리를 만나신다는 것을 강조해온 기독교 신학자들이 받아들인 것이다. 그분은 우리가 경험하는 수동적인 물체 같은 것이 아니다. 하나님은 우리에게서 주도권을 가져가신다. 어디에서 어떤 식으로 우리에게 자신을 나타내실지 결정하시는 것이다. 그것은 우리가 통제할 수 없다.

기독교 신앙의 주축이 되는 특징-십자가에 달리시고 부활하신 그리스도를 통해 개인이 이 땅에서 살아계신 하나님을 만나는 것-은 인간의 말로 표현될 수 있지만 그 말로 한정될 수는 없다. 선포하는 말은 '우리 주 예수 그리스도의 하나님 아버지'와 만날 수 있는 가능성을 현재의 실제로 변화시키는 촉매다. 인간의 말은 '부활하신 그리스도'라는 보물을 전달하는 질그릇이다. 그것은 훨씬 더 위대한 것의 운반자요 매개체다. 여러 가지 면에서 설교자는 세례요한과 같다. 자신에게서 눈을 돌려 더 큰 존재, 자신이 증거하는 존재를 보라고 가리키기 때문이다. 그러므로 기독교 선포의 능력과 생명력은 사용하는 말에서 나오는 것이 아니라 그 배후에 계시는 분, 곧 부활하신 그리스도에게서 나온다.

십자가의 지혜

바울이 '십자가의 신학'에 대한 유명한 해설에서 함께 엮어놓은 수많은 가닥 중 하나는 설교자로서 느낀 자신의 개인적 부적절함이다(고전 1:17-25; 특히 고전 2:1-5). 바울에게는 그의 메시지의 능력과 호소력이 설교자의 인격에 있지 않고, 웅변술에 있지도 않고, 말의 지혜에 있지도 않고, 오직 십자가에 달리시고 다시 살아나신 그리스도께 있었다.

루터는 십자가에 달리신 그리스도를 "세상에서 어리석은 지혜"라고 묘사했다. 세상은 사건의 외적 차원이나 측면-한 남자가 무력하고 아무 의미 없게 원수들에게 조롱을 받고 친구들과 하나님께 버림받으며 죽어갔다-만 본다는 의미에서 그렇다. 하지만 믿음은 세상 사람들이 알지 못하는 통찰을 소유한다. 그것은 이 사건을 다른 각도에서, 부활의 관점에서 보게 한다. 세상에서 어리석고 약하다고 간주하는 것이 다름 아닌 하나님의 지혜와 힘으로 나타난다. 십자가에 달리신 그리스도의 부활을 통해 하나님은 세상의 판단을 뒤집으며, 경험과 믿음이 서로 상충하는 중대한 통찰을 확증한다.

십자가의 신학에서는 하나님이 세상의 판단과 모순된다는 주제가 핵심이다. 하나님은 세상의 판단을 승인하지 않으실 뿐 아니라 그것과 모순되신다. 세상이 그 판단의 기초를 재고하지 않을 수 없도록 하기 위해서다. 이러한 모순의 최고의 예가 십자가다. 세상은 십자가를 성금요일의 관점에서 본다. 그러나 신자는 부활절의 관점에서 본다. 같은 사건을 두 개의 매우 다른 관점에서 보는 것이다. 세상에서 십자가는 죽음을 의미한다. 그러나 신자에게는 생명이다. 세상에서 십자가는 정죄를 의미하지만 신자에게는 옳다는 입증이다. 죽어가는 그리스도에 대한 세상의 판단은 하나님에 의해 뒤집어지고 역전된다. 그래서 설교자는 십자가에 달리신 그리스도를 세상과 대면시키면서, 세상이 이것을 거리끼거나 미련한 것으로 간주하리라고 예상할 수 있어야 한다(고전 1:23). '십자가의 도'를 선포하면서 설교자는 그것을 세상이 지혜라고 일컫는 것으로 아름답게 꾸미고 싶은 유혹을 받을 것이다. 하지만 신앙의 토대는 십자가 사건 자체다.

겸손은 신학자가 매우 배우기 어려운 미덕이며, 이것은 종종 학문적 진실성과 맞지 않는 외적 권위에 무비판적으로 굴복하는 것과 동일시되었다. 그는 하나님이 자신을 계시하시는 조건들을 규정하거나, 그 계시가 취할 수 있는 가장 적절한 형태를 추론하거나, 그렇게 계시된 하나님의 본성에 관해 추측할 것이다. 그러나 이러한 가능성들은 십자가에 의해 배제되었으며, 이 질문들에 대한 답은 우리의 추론이 아닌 그 사건 안에서 주어진다. 하나님이 어떠해야 한다는 인간의 선입관은 인간의 상상력에서 나온 허구에 불과하다는 것이 십자가를 통해 드러난다. 그리고 이런 선입관들을 일으킨 인간 지성의 신학적 자율성 역시 도전을 받는다. 하나님은 자신이 원하는 방식으로 스스로를 계시하셨다. 그러므로 우리는 하나님이 어떤 조건에서 자신을 계시하셔야 하는지 규정하기보다 그 계시에 반응해야 한다.

십자가는 이성이 어리석다고 간주하는 것에 하나님의 지혜가 숨어 있음을 보여줌으로써 인간 이성의 신학적 능력에 대한 판결을 내린다. 십자가는 우리가 이성을 통해 적절히 하나님을 알 수 있다는 환상을 깨뜨리며, '참된 신학과 하나님을 아는 지식'을 위한 길을 열어놓는다. 인간적 지혜와 하나님의 지혜 사이의 역설적이고 모순적인 관계에 대한 인식은 우리의 이성을 확신하는 것으로부터 하나님을 의지하는 것으로 돌이키게 한다. 그리고 그렇게 함으로써 우리는 하나님의 길에 놓인 장애물들을 제거한다. 하나님은 세우기 전에 파괴하신다. 그분이 어떤 분인지, 그리고 우리 자신이 어떤 것을 할 수 있는지에 대한 우리의 선입관들을 폐하시는 것이다. 이것은 우리를 다시 하나님께로 데리고 가시기 위해서다. 영국의 시인 존 돈은 비슷한 정서를 이렇게 표현했다.

삼위 하나님이여, 내 마음을 치소서.
당신은 지금까지 내 마음 문을 두드리시고, 생기를 불어넣으시고,
빛을 비추시고, 고치려고만 하셨습니다.
나를 일으키시고, 세우시고, 무너뜨리시고, 굴복시키소서.
당신의 힘으로 나를 깨뜨리고, 날려버리고, 불 태우사 새롭게 하소서.
나는 찬탈당한 성읍처럼 당신을 받아들이려 애씁니다.

하지만 소용이 없나이다.

당신의 통치를 내게 설복시키소서.

나는 포로가 되었고, 연약하고 부정한 자입니다.

나는 진정으로 당신을 사랑합니다. 그리고 사랑받기를 간절히 원합니다.

하지만 나는 주님의 대적과 약혼했습니다.

내가 그와 결별하도록, 그 멍에의 줄을 풀고 자르게 하소서.

나를 당신에게로 데려가 포로로 삼으소서.

주님이 나를 노예로 삼지 않으시면, 나는 절대로 자유하지 못합니다.

주님이 나를 취하시지 않는 한, 나는 결코 순결치 못할 것입니다.

기독교 사상사는 세속 철학이 시종일관 기독교 선포의 도구로 사용되어왔음을 보여준다. 플라톤주의, 아리스토텔레스주의, 헤겔주의, 실존주의 모두가 각 시대의 복음 선포를 위해 각색되고 이용되었다. 알프레드 노스 화이트헤드가 매우 지혜롭게 말했듯이 "기독교는 형이상학을 추구하는 종교다."

이것은 엄청난 변증학적 가치를 지닌다. 설교자가 복음을 보다 효과적으로 선포하기 위해 기독교와 청중의 유사한 세계관을 이용한다는 의미에서 그렇다. 즉 설교자는 그런 유사점들을 복음 선포의 '접촉점'으로 삼는다. 십자가 신학은 그런 철학들을 거부하는 것이 아니라 그 철학들을 사용함에 있어 비판적인 시각을 견지하게 한다. 복음은 이런 체계들 중 어느 것과도 동일시되면 안 된다. 특히 두 가지 점을 주목해야 한다.

첫째, 그 체계들의 몰락은 기독교의 몰락을 수반하지 않는다. 지적 풍조가 변화되면서 철학자들은 논박을 당하기보다 버림받곤 했다. 변증학적 이유들로 인해, 기독교는 이런 체계의 요점들을 기독교 특유의 진리를 전달하는 '매체'로 삼는다. 하지만 그것이 기독교의 진리가 이러한 체계의 진리에 좌우된다는 의미는 아니다. 복음의 핵심은 역사의 흐름에 따라 다양한 껍데기로 옷 입을 수 있다. 예를 들면 플라톤적, 아리스토텔레스적, 헤겔적 껍데기다. 주된 문제는 알곡과 껍데기를 혼동하지 않는 것이다. 더욱이 기독교가 때로 이 체계들과 일관되지 않는다는 사실이 기독교가 잘못된 것이라고 해석되면 안 된다. 그것은 단지 기독교와 그 '철학'이 그 문제에 대해 의견이 일치하지 않는다는 의미일 뿐이다.

모든 시대에는 그 시대가 좋아하는 철학이 있다. 그래서 그것에 기초하여 기독교를 판단하며, 그 기준에 비추어볼 때 그것이 부족하다고 생각하는 사람들이 있다. 하지만 사상의 역사를 살펴보면 우리는 많은 체계들이 얼마나 급속하게 일어났다가 사라지는지 볼 수 있으며, 왜 신학자들이 그토록 덧없이 흘러가는 도전에 직면해서 기독교 신앙을 변호하려 애써야 하는가 의문을 갖게 된다.

물론 그런 변호는 전술적으로 매우 중요하다. 하지만 전략적으로는 거의 효과가 없다. 단기적으로는 기독교가 이상주의나 논리적 실증주의에 직면해서 자기 입장을 고수할 수 있음을 보여주는 데 유용할 것이다. 하지만 장기적으로 그런 체계들이 제기한 위협은 시간이 흐름에 따라 제거된다.

둘째, 기독교가 이를테면 플라톤주의의 특정한 측면을 이용할 수 있다는 제안은 기독교가 모든 플라톤적 통찰을 자명한 공리로 받아들여야 하며, 그에 따라 자신의 이해를 바꿔야 한다는 의미가 아니다. 기독교가 세속적인 지혜를 사용하다가 종교판 세속 철학으로 축소되지 않으려면 십자가와 부활에 근거하고 뿌리를 둔, 그것의 본질적 독특성을 유지해야 한다.

십자가가 기독교 신앙의 내적 판단 기준이라고 주장함으로써 이 위험을 최소화할 수 있을 것이다.

하지만 기독교 사상의 역사를 보면 기독교를 당시에 유행하던 세속적인 지적 체계로 전락시킨 경우가 많다.

그리스도의 강단은 곧 그분의 십자가다. 그분은 바로 그 십자가에서 세상을 향해 말씀하신다. 제자들을 사도로 만든 그 동일한 십자가가 '십자가의 도'를 믿지 않는 세상에 선포됨으로써 다시 제시되고 재현된다.

자체의 지혜와 권능으로 가득 찬 십자가의 논리는 인간 경험의 모순과 혼란 가운데서, 그것에 빛을 던지고 그것을 변화시키면서 우리에게 말한다.

우리는 세상이 지혜롭다고 판단하는 것으로부터 다른 곳으로 주의를 돌려, 죽음이 생명으로 변하고, 절망이 소망으로, 어둠이 빛으로 변하는 새로운 지혜, 새로운 논리를 배우게 된다. 이것은 지적 자살을 감행하라는 요구가 아니다. 하나님이 우리에게 자신을 알리신 대로 그분을 만나라는 호소다.

십자가의 도와 문화

십자가의 도를 선포하는 것은 진공 상태가 아니라 구체적인 역사적 맥락에서 일어난다. 선포가 이 구체적 상황을 초월하려면 상황이 부과하는 문화적 구속으로부터 자유로울 수 있어야 한다. 다시 말해 십자가의 도에 대한 선포는 문화적 상황에 전해지고, 그것에 맞추어 조정될 수 있다. 하지만 그것은 그 상황에 제한되지도, 동화되지도 않는다.

언제나 그랬듯이 기독교적 선포가 널리 보급되어 있는 문화에 압도되고 결국 그 안에 잠겨서 정체성과 적실성을 회복하지 못하게 될 위험이 있다. 많은 기독교 사상 역사가에게는 자유주의 개신교가 바로 이러한 상황을 예시하는 것처럼 보인다.

기독교는 너무나 문화와 동화되어서 스스로를 문화와 구분할 수 없는 것처럼 보였다. 하지만 제1차 세계대전의 영향으로 그런 낙관주의적 문화가 붕괴되면서 그 신학도 붕괴되었다. 결과적으로 많은 사람이 보기에 기독교적 붕괴는 문화적 상황에 갇혀 그것으로부터 벗어날 수 없는 것처럼 보였다.

설교자가 직면하는 어려움은 자신의 선포를 어느 특정한 상황에 너무 연결시키는 나머지 다른 상황과의 접촉점 및 적실성을 잃어버리는 일 없이 그 상황에 말하고 싶어 한다는 것이다. 특별히 잠재적인 어려움이 있는 세 가지 상황은 다음과 같다.

첫째, 기독교의 세계관 보급을 통해 일어나는 문화적 변화다. 잘 알려진 것처럼, 인도와 중국으로 간 초기의 영국 선교사들은 기독교와 당시의 영국 부르주아 문화를 혼동하는 경향이 있었고, 그 결과 기독교의 토착화가 심각하게 훼손되었다. 물론 선교사들의 원래 의도는 선했다. 그러나 문화적 변수들을 복음 선포에 무비판적으로 병합시킴으로써 청중에게 복음의 낯선 요소들을 심어주게 되었다. 결국 영국 문화의 규범들을 기독교적 가치관이라고 잘못 이해한 가운데 인도 사회에 많은 어려움이 일어났다. 물론 이러한 어려움들은 오래전부터 인식되었으며, 복음 선포에 감춰진 문화적 가치관들을 회수해낼 필요가 타당한 것이었다는 온갖 표시가 있다.

십자가의 신학은 우리로 하여금 기독교 선포가 기원한 공동체의 문화적 규범 및 가치관을 암암리에 어느 정도나 수용해왔는지 살펴보게 한다. 전제들, 특히 우리가 서양의 자유주의적 민주주의에서 의심 없이 받아들여(아마도 무의식적으로) 우리의 복음 선포에 통합시키는 윤리적, 사회적 금언들은 그 선포를 청중들에게 무익한 것으로 만들 수 있다. '십자가의 도'에 어떤 결함이 있어서가 아니라 설교자가 순진하기 때문이다. 십자가는 우리에게 비판적인 시각을 요구한다. 우리 선포에 문화적 요소가 통합되는 것을 거부하기 위해서가 아니라 우리의 일을 인식하기 위해서다. 따라서 주변적인 문화적 요소들은 반드시 식별되어야 한다. 그러한 것들이 선포의 본질적 요소들의 지위를 떠맡아 그것을 제거하고 다른 문화적 상황에서 나온 요소들로 대체되지 않도록 하기 위해서다.

두 번째 어려움은 단일사회의 하부문화와 관련되어 있다. 대부분의 서구 사회들은 매우 계층화되어 있다. 갖가지 문화적 규범과 가치관들을 채택하는 경향을 지닌 다양한 계층으로 구성되어 있는 것이다.

그래서 영국에서는 중산층과 노동자 간에, 북부 문화와 남부 문화 및 가치관 사이에 명백한 차이가 있다. 어떤 사람들은 사회의 동질화를 통해 이런 차이들이 점진적으로 제거되고 있다 주장하지만, 대부분의 사회에서 이와 비슷하거나 비교되는 차이가 명백하게 나타난다. 이를테면 북부 영국 노동자 계층의 도시 빈민 지역에서 사역하는 데 익숙한 설교자는 아마도 무의식중에 그 문화적 상황의 가치관과 열망들을 흡수할 것이다. 그리고 만일 그가 남부 영국의 중산층 마을로 부름 받는다면, 이러한 정서를 무비판적으로 흡수함으로써 복음 선포에 커다란 지장을 초래할 것이다. 한 문화가 다른 문화에 대해 가지는 우월감에서 나온 무비판적인 가정은 결국 '문화적 가치관의 선포'로 이어진다. 그것은 문화적으로 축소시킨 형태의 복음과 느슨하게 통합되어 있다. 따라서 남부의 중산층 사람들이 그 설교자의 말을 들으며 생각하는 것은(의식적으로 그런 생각을 표현하지 않는다 해도) 그 설교자가 자신들 모두 북부의 도시 노동자 계층이 되기를 바란다는 것이다.

문화와 하부문화의 상대적 장점에 대해서는 논란이 있다. 그리고 몇몇 사람들은 그것들을 평가하려는 시도가 상당히 받아들이기 힘든 것이며, 거기 접근하는 사람들을 문화적 독재로 이끄는 것이라고 주장할 것이다. 설교자가 암암리에, 그리고 무의식적으로 자신의 문화적 상황을 표준적인 것으로 간주하는 성향은 이해할 만하다. 그러나 설교자는 어떤 문화에 대해 판단을 내릴 만한 위치에 있지 않다. 그의 임무는 자신의 취향과 선입관의 방해를 받지 않고 복음이 그 문화 속에 확실히 뿌리내리게 하는 것이다.

역사적으로 기독교는 내부로부터 문화를 변혁시켰다. 그리고 그 문화에 뿌리를 내리지 않은 채 외부로부터 판단을 받을 때는 오히려 그 문화에 이전의 관점들을 강화하는 경향을 보였다. 우리는 지난 세기 전통적인 선교지의 회심자들이 그들에게 복음을 선포한 사람들의 문화—미국 문화든 서유럽 문화든—를 받아들임으로써 어떤 차이를 보이게 되었는지 정당하게 물어볼 수 있다. 십자가의 신학은 토착적인 현지 신학의 발전을 요구한다. 단지 선교사가 자신의 문화에 대해 죽을 뿐 아니라 회심자들이 그들의 문화를 십자가 앞으로 이끌어내 심판을 받게 함으로써 말이다.

세 번째 어려움은 계속적인 시간의 흐름 속에서 나타나는 사회 내 문화적 가치관의 변화를 통해 야기된다. 복음은 시간상 어느 특정한 순간의 가치관과 동일시됨으로써 시간 왜곡(time warp, 과거나 미래의 일이 현재에 뒤섞여 나타나는 것-역주)의 덫에 갇히면 안 된다. 예컨대, 빅토리아 시대 때 영국에서 나타난 복음의 형태가 모든 시대의 표준이라고 주장할 수 없다.

기독교에는 세속 사회에서 볼 수 있는 것만큼 심각한 세대차의 위험성이 있다. 복음을 선포할 책임을 맡은 사람들이 젊은이들의 문화적 전제에서 벗어나지 못하는 무능력 때문에 그렇게 되는 것이다. 오늘날 교회의 지도자들은 신학적인 시간 왜곡에 갇히는 경향이 있다. 그들은 종종 자신들이 학생 때 받아들였던, 문화적으로 규정된 신학에서 벗어나지 못하며, 그 결과 시대가 변화함에도 불구하고 그들의 신학은 여전히 현재 죽어가거나 이미 죽은 문화에 뿌리를 내리고 있다.

시대는 변하며 우리도 그와 함께 변해야 한다. 우리가 선포하는 복음에서 변하는 것이 아니라 그것을 각각의 상황에 적용하는 방식을 변화시키고, 이전에 적응하려 시도했으나 이제는 더 이상 유용하다고 여겨지지 않는 요소들을 제거해야 하는 것이다. 그러지 않으면 기독교는 사상들의 박물관에 진열되어 있는 하나의 전시물이 되어버린다.

다음 장에서도 우리는 십자가와 문화에 대한 논의를 계속할 것이다. 하지만 '십자가의 선포'라는 주제와 관련하여 그것이 지닌 중요성은 명백하다. 기독교의 확장은 차치하고, 그것의 생존 자체가 인간의 상황을 직접 다루는 능력-우리 같은 사람들이 전달하는-에 달려 있다. 중심적 주장은 한 사건에 대한 것이다. 곧 의미와 권능과 활력으로 충만한 사건, 인간 역사를 통해 지속적으로 다시 제시되고 재연될 수 있는 사건이다.

기독교 교회는 현대의 세속 사회 한가운데서 살아계신 하나님의 변혁시키는 행동의 증인이 되어야 한다. 그 행동은 성경 및 기독교 전통에서 서술되고 해석된 구원 사건, 십자가와 부활에서 절정에 이르는 사건을 통해 알려진다. 기독교 교회는 그 십자가 안에서, 그것이 가져오는 인간 상황에 대한 조명과 변혁에 비추어 교회의 정체성에 대한 의식과 더불어 선교 의식을 회복해야 한다.

서구 사회에서 기독교 교회는 세속적인 권세를 많이 잃어버렸다. 하지만 여전히 하나의 역할을 발견해야 한다. 그 역할은 부활하신 그리스도에 의해 교회의 가장 귀중한 유산으로 주어졌다. 바로 "가서 모든 민족을 제자로" 삼으라는 것이다(마 28:19).

십자가의 도는 교회에 맡겨졌고, 지금은 그 유산에 대한 확신을 되찾아야 할 때다. 교회가 사회 스스로 할 수 있는 것 외에는 아무것도 사회에 줄 수 없는 것처럼 보이는 때에, 교회는 자신의 역할을 재평가하고 원래 교회에 주어진 것을 되찾아야 한다. 그것은 바로 십자가의 도, 인류와 사회의 새로운 환상을 위한 출발점을 지닌 자라는 것이다. 괴테의 말을 빌면 다음과 같다.

당신이 유업으로 받은 것을 사용하기 위하여,
이제 당신 자신의 것으로 만들라!

다음 장들에서는 신자 개인의 삶과 기독교 교회의 행보에서 '십자가의 신학'이라는 기독교적 '유업'이 지닌 적실성을 살펴볼 것이다.

7
십자가 아래 사는 삶

바울에게 있어서 십자가의 수치스러운 신비는 신자 개인의 삶을 지배한다. 바로 여기에서 그리스도의 삶의 역설들이 하나로 모아져 하나의 유형을 형성한다. 그것은 신자가 자기 실존의 역설들을 십자가의 신비와 관련시킬 수 있게 한다.

이 십자가의 수치 안에서 우리는 약함 속에서, 약함을 통해 하나님의 능력이 온전히 임하신다는 것을 배운다(고후 12:9). 바로 그 십자가에서 그리스도가 당하신 고난에 하나님이 임재하신 것을 통해, 우리는 신자의 고난 속에서 하나님의 임재를 발견한다는 것을 깨닫는다.

그 고난의 경험은 신자가 그리스도의 부요함에 참여한다는 간증의 성격을 띤다(롬 8:17; 고후 1:5; 4:6-5:5). 또한 고난과 죽음은 신자의 새 생명에 필요한 필수 요소가 된다. 그것을 통해 부활의 '이미'와 '아직' 사이의 긴장을 경험하기 때문이다. 신자는 자신에 대해 죽고 세상에 대해 죽음으로써 예수 그리스도와 함께하는 생명으로 다시 살아난다(롬 6:2-4; 갈 2:19; 골 3:3). 이 장에서는 신자가 삶 속에서 십자가를 지는 것에 대해 살펴보겠다. 그러려면 먼저 십자가의 수치를 강조해야 한다.

십자가의 수치

기독교 신앙은 처음 생겨났을 때부터 현재에 이르기까지, 십자가에 달리신 그리스도를 예배하는 것에 의해 다른 모든 종교 및 이데올로기들과 구분되었다. 기독교의 초기 대적들의 조롱은 신자들이 '한 악인과 그의 십자가'(homo noxious et crux eius)를 예배한다는 것이었다.

그리스도인들이 십자가에 달리셨던 분을 예배한다는 사실은 카이킬리우스(Caecilius, 미누키우스 펠릭스의 대화론 『옥타비우스』에 나오는 인물)로 하여금 그들의 믿음을 전적으로 불신하기에 충분했다. "그들의 의식이 자신의 죄로 인해 십자가라는 죽음의 나무에서 죽임을 당한 한 사람을 중심으로 하고 있다는 사실은 이 버림받은 비열한 사람들에게 적당한 성소와 그들에게 마땅한 예배가 무엇인지를 알려준다."라는 경멸이 2세기 로마의 벽화에서 분명하게 나타난다. 거기에는 나귀의 머리가 십자가에 달려있고, 두 번째 인물이 팔을 든 채 서 있다. 그리고 그 그림 옆에 있는 표어는 '알렉사모노스가 그의 신을 숭배하다.'이다.

십자가의 도는 실로 그것을 듣는 사람들에게 어리석은 것이었다. 바로 그러한 이유로 그것에 기초한 믿음 체계 전체를 불신하는 것처럼 보였다. 현대의 독자들은 아마도 하나님이 십자가의 수치에서 계시되었다는 초대 그리스도인들의 주장이 사람들에게 얼마나 엄청난 수치와 모욕을 불러일으켰는지 인식하기가 어려울 것이다.

2세기에 글을 쓴 저스틴 마터는 기독교가 십자가에 달린 그리스도를 선포한 '미친 짓'으로 인해 알렉산드리아와 지성적인 시민들의 기분이 상했다고 기록한다. 이처럼 십자가의 도는 그것을 듣는 사람들에게 수치스럽고, 불쾌하고, 매우 심란한 것으로 인식되었다. 그것이 그들에게 가장 볼썽사납게 처형당한 한 사람을 예배하고 찬미하라고 요구했기 때문이다.

초기의 기독교 반대자들의 반응은 우리로 하여금 시간이 지나면서 둔감해지고 무뎌진 십자가의 순전한 수치를 절실히 느끼게 한다. 기독교의 주장이 실제로 얼마나 중심적이고 비뚤어진 것처럼 보이는지 인식한 사람들은 아마도 교회 밖에 있는 사람들일 것이다. 이는 그 주장이 십자가에 달리신 그리스도를 중심으로 하고 있기 때문이다. 종교를 인간 영혼의 미학, 윤리, 혹은 과학으로 간주하는 사람들은 이렇게 비뚤어진 기독교의 상징으로 인해 분노를 느끼면서 그것을 제거하고 더 받아들일 수 있는 것으로 대체하려 했다. 하지만 역사는 십자가가 그런 식으로 무시당하는 것을 허용하지 않을 것이다. 초대 그리스도인들은 십자가의 수치에서 새 생명의 탄생을 보았으며, 그것에 기초하여 하나님과 세상을 해석했다.

믿음은 십자가 처형의 밤이 물러가고 부활의 새벽이 왔을 때 탄생했다. 믿음은 십자가의 죽음과 부활을 신적 임재와 활동의 유형으로 인식했다. 그리고 인간 실존의 파노라마에도 이 같은 유형이 있음을 분별해냈다.

성금요일의 실패를 통해 믿음은 죽음 가운데서도 죽음에 대한 하나님의 승리를 인식했으며, 이 승리를 자신의 것으로 주장했다. 또한 십자가에서 인간의 죄를 직면하고, 지명하고, 제거하고, 용서했으며, 이 용서를 자신의 것으로 주장했다.

그것은 죽어가는 그리스도를 보면서 십자가에 달리신 하나님이 죄된 인간을 위한 자신의 사랑을 온전하고 압도적일 정도로 보여주시며 우리에게 호소한다는 것을 인식했고 그 사랑에 반응했다. 간단히 말해, 믿음은 십자가에서 생명과 구원의 열쇠를 인식했으며, 생명과 구원을 자신의 것이라고 주장했다.

역사가 흐르면서 기독교 전통은 마치 눈덩이가 산에서 굴러 내려오는 것처럼, 이미 존재하고 있던 그 중심과 핵으로 자료들이 계속 추가되었다. 그리스도인 변증학자들이 그들의 신앙을 동시대 사람들의 미학적·도덕적 전제에 맞게 적응시키고자 했던 열망은 불가피하게도 십자가의 순전한 수치가 줄어드는 결과를 초래했다.

괴테의 유명한 예를 들면, 십자가는 '장미 화관으로 휘감기게' 되었다. 문화적 감성, 낭만주의, 감상주의 등이 합해져 십자가의 냉혹함을 부드러움의 상징으로 바꾸었다. 십자가의 수치와 어리석음은 무시되었다. 겹겹이 축적된 전통이 이전에 한 번도 갖지 못했던 해석으로 십자가를 둘러싸면서, 기독교가 탄생할 때 입고 있던 누더기보다 훨씬 더 화려한 옷을 입게 해주었다.

그렇게 기독교는 세계 역사에서 가장 중요한 현상 중 하나로 존엄성과 자의식을 얻기 시작했다. 그리고 그 현상이 태어난 기초를 간과했다. 기독교 스스로가 자신을 역사에서 가장 중요한 사회적·윤리적 운동 중 하나로 보기 시작했다. 그리고 더 이상 자신의 정체성과 적실성에 관한 중대한 질문들을 던지지 않았다.

하지만 오늘날에는 세속 세계가 그 사회적·윤리적 통찰들에 의문을 제기하면서, 그리고 역사적 발전에 대한 거대 담론들이 명확히 퇴보하는 가운데 비틀거리기 시작하면서 새로운 기회가 생겨났다. 정체성과 적실성에 대한 기독교적 추구에서 지금까지 축적된 지적인 짐을 내려놓고, 신앙의 기원, 원시의 사건으로 돌아갈 기회다.

기독교는 점점 더 외적·내적 압력을 통해 지적, 문화적, 윤리적 가식들을 포기하고 십자가로 돌아가도록 강요받고 있다. 곧 추문과 어리석음의 십자가, 우리가 그것을 무시하도록 허용한 전통에서 벗어난 십자가다. 오늘날에는 그 어느 때보다 더 십자가가 하나의 상징으로 희미하게 존재했던 것에서 벗어나 기독교 신앙의 토대이며 판단 기준으로서 적법한 위치를 차지하고 있다. 기독교 전통의 내적인 역동성은 그것이 생겨날 때 주어진 것이며, 기독교 전통 역시 그것에 의해 형성되었다.

오늘날 우리는 단편적으로 쌓여 있는, 진정성 없는 문화적 전통의 방해 없이 사도적 믿음, 그리고 십자가에 대한 선포로 돌아갈 수 있는,

진정하고 철저한 가능성을 만나게 된다. 십자가의 신학을 재발견하고 재형성할 수 있는 가능성, 부활절의 기쁨과 기독교 선포의 소망을 발견하기 위해 성금요일의 절망으로 다시 들어갈 수 있는 가능성이다.

기독교나 신자 개인의 믿음 모두, 그것의 원래 기원에 근거해야만 활력을 되찾을 수 있다. 즉 공동체의 믿음과 개인의 영성이 둘 다 새로워지는 것은 십자가의 수치를 기꺼이 받아들이고 사랑하는 것에 달려 있다.

십자가에 대한 믿음

십자가로 돌아가는 것은 신약을 거쳐 기독교 신앙의 원천으로 돌아가는 것이다. 신약은 기독교 신앙의 권리증서이자 그리스도인이 믿는 것에 대한 고전적 표현이며, 그 시작에서부터 그리스도인의 신앙과 헌신의 증거가 된다.

바로 거기에서 우리는 십자가 사건과 그것의 의미를 만난다. 하나님이 십자가를 통해 그저 자신의 사랑을 보여주시는 것뿐만이 아니라 인간 역사에서 그것을 시행하신다는 주장, 인간 역사의 흐름 속으로 들어와 그 소용돌이에 올라타셔서 그 물살을 다스리시고 안에서부터 그 경로를 바꾸신다는 주장이다.

또한 그것은 우리에게 하나의 요구, 곧 믿음에 대한 요구를 대면하게 한다. 그것은 무엇보다도 십자가에서 죽으신 분의 부활을 통해 하나님의 손길을 인식하라는 요구다. 이 사건으로 하나님은 세상의 심판을 뒤집으셨으며, 그것과 함께 의와 지혜와 능력에 대한 세상의 기준이 우상임을 드러내셨다.

십자가는 현시대의 기준과 가치관-그것을 확대하면 '이 시대의 하나님'이 된다-을 물리치고, 하나님과 우리 자신과 그분의 세상에 대한 우리의 생각을 십자가에 일치시킬 것을 요구한다. 그리스도를 죽은 자 가운데서 다시 살리시고, 그리스도의 인격과 사명이 옳다고 입증하고 인치신 분은 다름 아닌 하나님 자신이다.

신약성경의 저자들, 특히 바울은 부활로 야기된 이 놀라운 기쁨을 신자 개인이 그리스도의 죽음과 부활에 참여하는 것에 대한 인식과 연결시킨다. 즉 믿음을 통해 신자는 그리스도와 관계를 맺으며, 그 관계로 인해 그리스도의 죽음과 부활 안에서, 그것을 통해 일어난 모든 일이 이 땅에서 그 개인을 통해 반복된다.

믿음은 십자가 죽음과 부활에서 하나님의 손길을 인식하고 그 능력을 나의 것으로 만든다. 믿음은 예수 그리스도의 역사를 우리의 개인적인 실존의 외부로부터 내부로 옮겨와, 그것을 우리 삶과 죽음의 본질적이고 필수적인 것으로 만든다.

십자가에서 물리친 원수들은 신자들의 삶에서도 물리쳐야 하는 동일한 원수들로, 죽음과 죄의 권세, 무의미한 것처럼 보이는 인간의 고난, 국가와 인간 개인이 다른 인간을 억압하는 것 등이다. 그리스도는 이 해묵은 원수들과 싸워 그들을 무장해제시키기 위해 십자가로 나아가셨고, 그렇게 우리와 동일화되신 위대한 행위를 통해 죄의 형벌과 저주가 주는 공포의 영역으로 들어가셨다.

하지만 바로 여기에서 믿음은 경험이 금하는 발걸음을 내딛는다. 믿음은 십자가의 죽음을 부활의 관점에서 본다. 부활이 공개적인 패배의 역전이 아닌 숨겨진 승리의 선포로 인식된다. 구약의 선지자들처럼 믿음은 현 상황의 결과를 보며, 그것에 비추어 상황을 해석한다.

믿음은 악이 패배했다고 보지만, 악은 경험 속의 실재로 남아 있다. 또 인간의 고난을 하나님께서 사람에게 가장 가까이 다가오시는 시점으로 보지만, 그 순간 우리는 그분의 부재하심을 경험한다. 뿐만 아니라 믿음은 죽음이 승리 안에 삼켜진 것으로 본다. 우리에게는 죽음이 승리자로 경험되는데도 말이다. 이와 같이 믿음은 모든 실재를 부활의 관점으로 본다. 그리고 같은 유형으로 하나님의 활동과 임재를 인식한다. 마치 산꼭대기에서 전쟁터를 보는 것과 같다. 그렇게 보는 전투에서 믿음은 지난날 갈보리에서 싸웠던 전투와 똑같은 유형을 발견하며 그것에 비추어 그 전투를 해석한다.

계몽주의 사상가들에게 믿음은 저급한 형태의 지식이었다. 당신은 세상이 평평하다고 믿거나 지구가 태양 주위를 돈다고 믿었을지 모른다. 하지만 확신하지는 못했을 것이다.

그러한 믿음은 지식으로 대체된다. 과학은 세상이 평평하지 않으며, 지구가 실제로 태양 둘레를 돈다는 것을 보여줄 수 있다. 그러므로 이제 믿음은 존재하지 않는다. 지구가 평평하다는 믿음은 잘못된 것임이 드러났고 지구가 태양 주위를 돈다는 믿음은 옳은 것으로 증명되었다. 그래서 이제는 더 이상 '믿음'이 아니다. 하나는 오류이고, 다른 하나는 사실이다.

마찬가지로, 계몽주의는 기독교 신앙을 저급한 형태의 지식으로 간주하는 경향이 있었다. 하나님과 사람에 대해 입증될 수 없는, 그리고 거기에 철학이 주의를 기울이면 결국 불필요한 것이 되어버리는 진술을 한다는 것이다. 때문에 기독교 신학자들은 지적으로 평평한 지구를 믿는 사람들과 동일한 취급을 받게 되었다.

믿음에 대한 이러한 이해는 "모든 실재는 기준점에 뿌리를 내린 것"(폴라니)이라는 인식과 함께 세상을 이해하게 하는 하나의 유형, 혹은 또 다른 방식으로 대체되었다.

앞 장에서 이 점을 이미 논했으므로 다시 반복하지 않겠다. 하지만 예수 그리스도의 십자가 죽음과 부활을 통해 계시된 유형이 기독교 신앙의 핵심에 놓여있다는 사실에는 주의를 기울여야 한다.

세상에서의 하나님의 임재와 활동에 대한 기독교적 이해가 '기준점에 뿌리를 내리고 있다는 것'은 십자가에 달리신 분의 부활에서 드러난 유형에 근거한다. 기독교가 실재에 대한 독특한 접근법을 갖게 된 것은 바로 이 때문이다. 이 유형은 우리의 이해를 훨씬 벗어나는 그 무엇, 즉 하나님이 자신의 피조세계를 다루시는 방식을 나타내는 것으로 간주되기 때문이다.

그리스도인이 생각하는 실재의 독특한 모양은 십자가에 의해 주어진다. 우리 모두가 실재에 대한 심상을 만들고 그 안에서 살아간다는 것이 점차 더 인식되고 있다. 그리고 실재에 대한 그리스도인의 이해는 바로 십자가 형태다.

이해와 순종

그리스도인에게 '진리'는 일차적으로 논리적 전제나 진술에 관한 것이 아니라 살아계신 하나님과의 만남, 그리고 그에 따라 더 큰 실재를 말로 표현하려 애쓰는 것에 관한 것이다.

토마스 아퀴나스는 브니엘에서 야곱이 천사와 만나 씨름한 것에 대해 해설하면서(창 32:24-31), 신학자가 하나님과 씨름할 때 직면하는 어려움에 주의를 기울였다.

그들은 밤새 씨름했다. 근육에 통증이 느껴졌지만 둘 다 포기하지 않았다. 그러나 새벽이 되자 천사가 사라졌다. 겉으로 보기에는 상대방의 독무대가 되게 해준 것처럼 보인다. 하지만 그때 야곱은 대퇴부에 예리한 통증을 느꼈다. 부상을 입고 다리를 절게 되었다. 하나님이 신학자에게 그러한 신비를 대면하게 할 때, 그가 그 신비를 붙잡고 씨름할 때도 마찬가지다. 그는 구부러진 활처럼 팽팽하게 인간의 언어를 붙잡는다. 그리고 레슬러처럼 씨름한다. 심지어 승리한 것처럼 보이기까지 한다. 하지만 그다음에는 연약함, 고통스러우면서도 달콤한 연약함을 느낀다. 그렇게 패배한다는 것은 사실상 그의 전투가 신성한 것이었다는 증거가 된다.

너무나 자주, 신학은 혼자서 가상의 적을 상대하는 섀도복싱(shadow-boxing), 혹은 관념과 개념들과의 씨름으로 전락한다. 하지만 우리는 살아계신 하나님과 씨름하기 위해 애써야 한다.

하나님은 신학의 대상—실험실에서 아메바를 자세히 조사하는 것

같은-이 아니라, 우리를 지배하시고 때로 꾸중하시며, 그분을 정의하고 묘사하고자 하는 우리의 시도에 도전하시는, 결코 우리에게 길들여지지 않으시며 우리가 마음대로 길들일 수 없는 주체이시기 때문이다.

기독교 신학자는 예수 그리스도의 십자가에서 살아계신 하나님의 신비에 직면하며, 이것은 그가 절대로 정복할 수 없고 오히려 굴복해야 하는 신비라는 것을 인정하게 된다.

야곱의 이야기가 나타내듯이, 하나님과의 씨름은 고통스럽다. 야곱은 하나님과 씨름하여 부상을 입었다. 우리가 하나님에 대한 지식 때문에 고통받는 것과 마찬가지다. 그것은 우리의 불신앙과 죄성을 절실히 느끼게 한다.

'진리'라는 용어와 관련하여 언급할 것이 있다. 기독교 전통은 하나님의 자기 계시에서 전달된 '진리'가 그저 객관적인 것, 명제적으로 진술할 수 있는 것이 아님을 분명하게 인식했다. 그런 진술들이 이루어지면 안 된다는 말이 아니다. 단지 '신실함'-하나님이 자신과 인간에 대한 신실하심을 말과 행위로 보이시는 것-과 같은 개념이 하나님께 적용되는 '진리'에 대한 우리의 이해에서 제거될 수 없는 요소임을 인식하는 것이다.

그래서 구약의 헬라어 번역(70인역)은 히브리어 '에메트'(emet)를 119번에 걸쳐 '알레세이아'(aletheia, 진리)로 번역했고, 26번에 걸쳐 '피스티스'(pistis, 신실함)로 번역했다. 같은 단어 안에 두 개념이 모두 포함되어 있다.

"진리가 너희를 자유롭게 하리라"(요 8:32)에서 말하는 진리는 명제적이고 개념적인, 추상적인 지식이 아니다. 예수 그리스도 자신(요 8:36), 곧 그분과 우리를 향하신 구속적 약속들에 대한 하나님의 신실하심을 나타내는 구체적이고도 인격적인 표현이다. 예수 그리스도가 우리를 인도하시는 진리는 하나님의 신실하심과 우리를 향한 신빙성, 그분 자신의 말씀에 대한 확고부동함, 혹은 그 약속에 대한 믿음, 그리고 그에 상응하여 우리 쪽에서 말과 행동으로 표현된 구체적 신실함을 보이라는 요구의 진리다.

이처럼 '진리'는 명제들에 대한 지적 동의를 지향하기보다는 살아가는 것, 즉 하나의 생활방식을 지향한다. 그래서 '진리'의 반대는 '오류'가 아닌 '불성실'이다. 예수 그리스도의 십자가 죽음과 부활을 통해 우리를 향한 신실하심을 보여주신 하나님께 신실함을 유지하지 못하는 '불성실'을 의미하는 것이다.

'십자가의 진리'라는 주제는 이처럼 단지 십자가와 부활 사건에 대한 신학적 분석에 관한 것만이 아니라 죄된 인간을 향한 하나님의 신실하심, 첫 번째 성금요일과 부활절 사건에서 절정에 이른 그 신실하심에 대한 인식에도 관여한다.

이 주제는 성찰만큼이나 행동에 관심을 기울인다. 그것은 우리를 향한 하나님의 신실하심과 그분이 우리에게 신실하심을 요구하는 것과 관련되어 있다.

그것은 우리의 모든 존재를 포괄하면서 우리의 삶과 생활방식에 나타나는 행동에 대한 요구, 더불어 신학적이고 윤리적인 개념에 대한 요구다.

'십자가의 진리'는 하나님이 자기 백성에 대한 구속의 약속에 신실하신 것으로, 말과 행동으로 표현되었으며 사람들에게 그분의 신실하심에 응답할 의무를 부여한다.

십자가는 단지 우리가 이해해야 하는 신비한 수수께끼가 아니라 믿음과 순종에 대한 요구로 제시된다. 또한 신학자들의 여가시간을 위한 변증법적 퍼즐이 아닌 그리스도인의 삶의 모양과 형태로 나타난다. 이해와 순종, 신학과 윤리는 십자가에 달리신 그리스도 안에서 하나님이 자신을 계시하신 것에 대한 적절한 반응이다. 그것은 우리의 마음과 정신 모두를 요구하며, 개념의 세계로 불러내는 것만큼이나 우리를 인간의 삶과 행동의 실제적이고 가시적인 세상으로 초대한다.

믿음과 경험

기독교 신앙은 경험에 기초하지만 경험의 지배를 받지는 않는다. 루터의 생각에 의하면, 경험이 신자 개인을 의심과 절망으로 압제하지 않으려면 그것이 부활절의 신비, 곧 예수 그리스도의 죽음과 부활에 비추어 해석되어야 했다.

그리스도인들이 자신들의 기독교적 경험을 해석하도록 주어진 패러다임이나 모델은 실제로 경험되고 부활의 관점에서 해석된 십자가의 황폐함이다. 예수 그리스도의 십자가 경험은 죽음의 승리와 힘의 세력-기껏해야 분노, 좀 더 가능성 있는 것으로는 하나님의 부재-을 발견한다.

많은 사람이 존 포드의 고전적 영화 '역마차'(Stagecoach)를 —그 놀라운 인물 묘사와 함께— 보았을 것이다. 그리고 특별히 영화의 마지막 부분을 생생하게 기억할 것이다. 역마차는 인디언들의 추격을 받고 있었다. 인디언들이 점점 다가왔고, 역마차에 탄 사람들은 점점 더 절망에 휩싸여 이제 몇 분밖에는 더 살 수 없다는 것을 깨달았다. 그렇게 산 채로 추격자들의 손에 넘겨지느니 스스로 목숨을 끊기 위해 그들은 마지막 총알을 남겨두었다. 그런데 그 상황에서 새로운 요소가 등장했다. 어디선가 나팔소리가 들리고 그들을 구하기 위해 미국 기병대가 등장한 것이다.

첫 번째 성금요일에는 그런 일이 일어나지 않았다. 분명 많은 사람이 그런 일을 기대했을 것이다. 그러나 그 순간 하나님은 '갈보리'에 계시지 않은 것처럼 느껴졌다. 할리우드 서부 영화의 미군 기병대와 달리, 천군천사들은 주님을 구하러 오지 않았다.

기독교 신앙은 바로 이러한 의문과 의심과 당혹함이 난무하는 어둠 속에서도 존재하는 법을 배워야 한다. 하나님은 예수 그리스도를 죽은 자 가운데서 다시 살리셨지만, 그분을 죽음 자체로부터 구원하지 않으셨다. 십자가에 달리신 분의 부활에 나타난 독특한 유형은 생명이 죽음으로부터 보존되는 것이 아니라, 죽음을 통해 주어지는 것임을 보여준다. 하지만 첫 번째 성금요일에 경험한 하나님의 부재—그것은 첫 번째 부활절을 통해 변화될 것이다—는 하나님이 세상에서 존재하시고 활동하시는 방식에 대한 하나의 패턴을 설정한다.

성금요일의 경험은 환상이 아니라 실제다. 이 경험을 부활에 비추어

볼 때에만 하나님이 역사하시는 이상하고 신비한 방식을 분별할 수 있다. 성금요일에 의해 제기된 근본적 질문은 구약의 욥기에서 매우 열정적으로 제기했던 질문들이다. 즉 '하나님은 정말로 거기, 인간 경험의 수많은 모순들 가운데에도 계시는가?' 하는 것이다.

부활은 하나님이 부재하시는 것처럼 보이는 상황 속에서도 실재하시고 구속하시는 하나님의 임재에 대해 말한다. 그리스도인들의 경험은 십자가 아래 사는 삶, 부활의 빛이 밝아오기를 기다리면서 잠시 어둠 가운데서 지내는 삶이다. 그렇게 기독교 신앙은 무신론자들이 예수 그리스도의 죽음과 더불어 모든 것이 끝났다고 생각하는 곳에서 시작된다. 이런 통찰들이 지닌 목회적 함축은 분명하다. '영광의 신학자들' – 하나님에 대한 생각의 기초를 십자가가 아닌 다른 것에 두는 사람들을 혹평한 루터의 통렬한 용어 – 은 하나님을 그분의 창조세계 전체에서 경험하기 원한다. 그래서 하나님이 두드러지게 부재하는 것처럼 보이는 부분에서 무척 당혹스러워한다.

어린아이가 암에 걸려 큰 고통과 함께 죽어가는 절망적인 상황에서 하나님은 어디 계시는가? 이런 질문들은 하나님의 임재를 어떤 경험에 대한 긍정적인 감정이나 미학적 반응에 좌우되는 것으로 만드는 사람들의 지독한 순진함에도 불구하고 반드시 제기되어야 한다. 실로 이런 경험들 속에서 하나님의 손을 볼 수 있다. 그것에 대해서는 논란의 여지가 없다. 그리고 창조의 영광이나 인간의 예술적 천재성에 반응할 때, 때로 인간의 경험에서 하나님의 임재가 거의 손에 잡힐 듯이 드러난다는 것에 대해서도 반박하는 사람이 없을 것이다.

문제의 핵심은 이런 경향에서 나온 추론이 하나님의 임재를 긍정적이고 주관적인 감정이나 심미적인 반응에 좌우되는 것으로 만든다는 것이다. 그들은 하나님이 삶의 불쾌하고, 혐오스럽고, 충격적인 영역에서 발견될 수 없다고 말한다. 하지만 기독교 전통이 하나님의 명확한 자기 계시가 일어났다고 주장하는 것은 바로 그런 영역이다.

십자가를 통해 우리에게 주어진 하나님의 모습은 버림받고, 상처받고, 피 흘리고, 죽어가는 모습, 인간의 고난을 몸소 경험하심으로써 그 고난에 새로운 의미와 존엄성을 부여하신 모습이다. 그 하나님은 인간이 강하기보다 약할 때, 교만하기보다 수치를 당하는 바로 그때에 세상 속으로 들어오신다.

고통과 임종과 죽음에 대한 지식이 절정에 이르는 삶의 더 어둡고 불가피한 순간들은 하나님이 배제된 삶의 영역이 아니라 오히려 그분이 세밀하게 개입하시는 시간이다. 하나님은 이런 식으로, 곧 고난과 죽음이라는 방식으로 우리를 우리의 마지막 원수들로부터 구속하기로 하셨다. "성금요일 후부터 인류는 소망 가운데서 고난을 받기 시작했다"(레온 블로이). 인간의 고난과 고통이 무엇인지 아시는 하나님, 약하고, 덧없고, 죽을 수밖에 없는 존재가 된다는 것이 무엇인지 이해하시는 하나님이라는 강력한 이미지는 바로 예수 그리스도의 십자가에 의해 그 정당성이 인정된다.

그렇다면 장차 죽는다는 사실을 아는 우리는 어떻게 살아야 하는가? 인간이 반드시 죽는다는 사실에 의해 제기된 인간의 의미에 대한 도전은 대대로 스스로를 이해하려는 인간의 노력들을 괴롭혀왔다. 죽음은 우리에게 의미를 빼앗아가겠다고 위협한다. 고난과 악의 문제는 인간 멸절의 궁극적 위협에서 절정에 이르며, 낙관적인 동시에 현실적인 삶의 의미에 대한 모든 설명을 쓸모없게 만든다. 냉소적 현실주의자는 지적 정직함이라는 이름으로 자신이 상황적 현실이라고 간주하는 것에 항복한다. "먹고 마셔라. 내일이면 우리는 죽는다"는 식이다.

일반적으로 종교적 이데올로기와 세속적 이데올로기는 둘 다 문제가 있다는 사실을 부인하려 한다. 불멸에 대한 환상과 인간 본성 및 운명에 대한 유토피아적 개념을 지니게 하고, 세상의 실제 존재 방식에 대한 솔직함을 희생하여 승리주의적 세계관을 제시하는 것이다.

부활의 관점에서 본 십자가는 신자가 이러한 딜레마에서 중대한 통찰을 갖게 해준다. 그는 죽음에도 불구하고 생명이 오는 것이 아니라 죽음을 통해서 온다는 것, 그리스도인의 소망은 "절망의 저편"(존 키츠)에서 태어난다는 것, 불멸하시는 하나님이 멸망할 수밖에 없는 상황을 조명하고 구속하시기 위해 그 상황에 들어오셨다는 것을 안다.

죽음의 위협은 인간의 실존에 너무나 큰 영향력을 발휘하기 때문에, 그것을 직접 다루지 않는 철학이나 종교나 세상에 대한 그 어떤 이해도 심각하게 취급되어서는 안 된다. 죽음 및 그것이 우리의 실존, 적실성, 의미에 제기하는 위협을 부인하는 것은 현대 인류가 실재에 대해 지니고 있는 피상적 태도의 특징이다.

우리는 해 아래 있는 하나님의 작품 중 가장 위대한 존재인 우리가 단지 죽기 위해 태어난다는 사실과 직면해야 한다. 우리는 넘어지기 위해 일어난다. 우리는 세상을 호령할 수 있었지만 이제는 완전히 사라져버린 사람들의 긴 행렬 중 일부다. 자녀들과 다른 사람들의 기억 속에서 계속 살아갈 수 있지만, 우리 자신은 죽어가고 있다. 가장 커졌을 때 터지는 비눗방울처럼 우리는 죽음의 먼지 속으로 사라져간다.

정말 그런가? 예수 그리스도의 십자가 죽음과 부활은 일시성 안에 영원을, 인간 역사 안에 영원한 생명을, 죽음 안에 부활의 닻을 확고하게 내린다. 이 세상, 곧 죽음과 부패의 한가운데서 우리는 우리의 운명이 놓인 먼 나라를 보며 거기서 들려오는 음악을 어렴풋이 듣는다.

어떤 이데올로기든(종교적인 것이든 세속적인 것이든) 그것이 직면하는 가장 어렵고 중요한 시험은 인생의 부정적인 측면-자포자기, 절망, 죽어가는 과정과 죽음에 대해 점차 커져가는 인식-에 어떻게 대처할 것인가 하는 것이다. 물론 이러한 것들을 무시하거나 부인할 수도 있을 것이다. 하지만 그것을 정면으로 대하고, 그리스도께서 그렇게 하셨듯이 그러한 것들을 통과함으로써 온전한 생명을 얻을 수 있음을 아는 것이 십자가 신학의 표시다.

"소크라테스는 죽음의 기술을 터득했고 그리스도는 죽음을 정복하셨다"(디트리히 본회퍼). 신자는 십자가에 달리셨던 분이 부활하셨음을 아는 유리한 위치에 있기 때문에 실패, 고난, 죽음을 숙명적으로 받아들이지도, 그것에 의한 절망에 빠지지도 않은 채 그것을 묵상할 수 있다. 하나님이 우리보다 앞서 그 길을 걸어가셨다. 그러면서 경험이 최종적인 것이라는 주장의 허구를 폭로하고, 우리가 경험을 넘어 그 배후에 있는 실재를 보게 하신다. 경험은 최종 결론이 될 수 없다. 그것은 속이고 현혹시키는 것으로 판단되고, 그렇게 드러나야 한다.

십자가의 신학은 경험이 하나님의 임재와 활동의 안내자로서 믿을 만한 것이 아니라는 사실에 우리의 주의를 돌린다. 우리가 하나님을 경험하든 하지 못하든, 하나님은 그분의 세상에서 활동하시고 존재하신다. 경험은 하나님이 갈보리에 계시지 않았다고 단언한다. 하지만 그 판단은 3일 만에 굴욕적으로 뒤집어졌다. 십자가의 신학은 인간의 경험에 뿌리를 내리는 동시에 그 경험에 비판적인 신학으로, 그 경험의 덫에 갇히거나 그것에 제한받지 않으며 동화될 수 있다. 다시 말해 십자가의 신학은 인간의 경험 수준으로 축소되지 않으면서 그 경험을 해석하고, 조명하고, 변혁시킨다.

'십자가의 신학'은 의도적으로 신자들의 시선을 부활하신 그리스도와 성령에 대한 그들의 경험에서 십자가라는 이 땅의 현실 및 철저한 믿음의 요구로 다시 돌아오게 한다. 이 경험들은 타당하고 실제적일지 모르지만, 이 땅에서 하나님과 그분의 복음에 대한 순종의 요구를 실현하는 진지하고, 신중하며, 비판적인 참여의 대용물이라기보다는 "하늘의 맛보기"(찰스 웨슬리)라고 할 수 있다.

십자가는 그리스도인들이 주님의 부활을 통해 그들의 것이 된 영생에 대한 소망을 묵상하고 기뻐하면서, 이생에서 완전히 초연해지는 것을 막는 유일하고도 의미 있는 장애물이다. 그것은 이 소망을 취하여 방향을 바꾸고, 그것이 세상과 완전히 분리되거나 내세에만 관심을 갖지 않게 한다.

십자가는 실제적이고 양도할 수 없는 소망의 관점에서 이 소망이 이생을 변화시키도록 인도한다. 기독교의 사회적·정치적 활동을 유지시키는 것은 바로 이러한 소망이며-억압적이고 인식되지 않은 세속 이데올로기가 아니라-이 소망 없이는 새 예루살렘에 대한 환상도 조용히 사라져버린다.

하나님의 부재에 대한 경험

신자의 삶에는 하나님이 멀리 계시고 어두운 밤 속에 믿음이 존재하는 것처럼 보이는 순간들이 있다. 그럴 때 믿음은 하나님의 존재와 그분의 선하심과 사랑을 의심할 수 있으며, 신자는 자신이 외적 염려에 압도된 것을 느끼게 된다. 하나님은 정말 거기 계시는가? 하나님은 정말 우리를 돌보시는가? 모든 것의 끝인 죽음이 애처로울 정도로 짧은 우리의 삶을 아무런 의미나 의의조차 갖지 못하게 하는 것인가?

대부분의 신자들은 삶의 특정 상황에서 이와 같은 감정들을 경험한다. 어떤 사람들은 도마(요 20:24-29)처럼 자신의 의심을 기꺼이 드러낼 수 있다. 하지만 많은 사람이 그런 의심들을 자신과 하나님 외에는 아무에게도 알리지 않는 것을 더 좋아한다. 우리는 경험 안에 있는 실제적이고도 혼란스러운 모순들을 인식한다. 때로는 모든 피조물이 창조자에 대한 지식을 기뻐하며 하나님의 임재와 선하심을 선포하는 듯하다(시 19:1-4). 또 어떤 때는 인간의 억압과 불의의 냉혹함이 하나님의 존재와 선하심을 반대하며 외치는 듯하다. 아마도 우리가 벌거벗은 십자가로 돌아가서, 믿음이 탄생할 때 어떤 일이 일어났는지를 성찰하지 않을 수 없는 것은 바로 이와 같은 순간들일 것이다.

첫 번째 성금요일에 하나님은 그분이 만드신 세상에 부재하신 것처럼 보였다. 자신이 택하신 메시아를 하나님께서 십자가의 고통과 죽음에 버리신 것 같았다. 그분은 처형자들에게서 메시아를 구하시기 위해 그 상황에 개입하시지 않았다.

예수 그리스도의 죽음은 마치 하나님의 사망진단서에 찍힌 확인 도장 같았다. 하나님은 거기 계시지 않았고, 개입하지 않으셨다. 성금요일은 믿음이 알고 있는 가장 어두운 밤이었다. 그러나 믿음이 탄생한 것도 바로 그날 밤이다. 뒤늦게 돌아본 초대 그리스도인들은 그리스도가 유기되는 순간에 하나님이 부재하신 것이 아니라 주인공으로 임재하셨다는 것을 깨달았다. 즉 예수 그리스도의 고난은 다름 아닌 우리 하나님의 고난이었다.

성금요일이 지나고 부활절이 왔을 때, 하나님의 부재에 대한 경험은 새로운 의미를 지니기 시작했다. 하나님은 어디 계셨는가? 그리스도의 죽음을 지켜보던 구경꾼들이 구원을 기대하며 하늘을 올려다보았지만, 그곳에는 하나님을 계시하는 어떤 표시도 없었고 사람들은 결국 하나님이 부재하시다고 결론을 내렸다. 하지만 하나님은 갈보리 사건 속에, 아무도 그분을 발견할 준비가 되어 있지 않던 바로 그 순간에 거기 계셨으며 고난받고 죽어가시는 그리스도 안에 존재하셨다. 하나님의 임재는 잃어버린 바 되고, 간과되고, 무시되었다. 아무도 그분을 발견하리라 기대하지 않은 곳에, 곧 예수 그리스도의 십자가 고난, 수치, 굴욕, 무력감, 어리석음 속에 임재하셨기 때문이다. "하나님은 자신이 세상에서 쫓겨나 십자가에 달리시는 것을 허용하셨다"(디트리히 본회퍼).

하나님의 임재는 예수 그리스도의 십자가에 초점이 맞춰졌다. 그리고 사람들이 예상하는 방식으로 임재하지 않으셨다. "하나님께서 세상의 미련한 것들을 택하사 지혜 있는 자들을 부끄럽게 하려 하시고 세상의 약한 것들을 택하사 강한 것들을 부끄럽게 하려 하시며 하나님께서 세상의 천한 것들과 멸시받는 것들과 없는 것들을 택하사"(고전 1:27-28). 어떤 사람들에게는 "말씀이 육신이 되어"(요 1:14)라는 커다란 역설이 그리 놀랍게 여겨지지 않는다 해도, 우리는 말씀이 찢어진 육신이 되셨다는 이 당혹스러운 사실만큼은 결코 무시하지 말아야 한다.

이 점을 더 생각해보자. 그리스도인은 그리스도께서 당하셨던 고난과 궁극적으로는 죽음을 짊어지면서 그리스도의 십자가에 참여해야 한다. 하지만 한 가지 중요한 측면에서 십자가에 대한 그리스도인의 경험은 예수 그리스도의 십자가 죽음과 부활에 의해 변형된다. 우리는 십자가를 부활의 관점으로 볼 수 있으며 이 관점은 우리로 하여금 그 십자가의 황량함을 부활의 느낌으로 보게 한다.

이런 면에서 예수 그리스도의 십자가는 우리의 십자가와 동일하지 않다. 부활은 그리스도인들이 그리스도의 십자가에 참여하는 경험을 변화시킨다. 우리는 그리스도께서 외치셨던 "나의 하나님, 나의 하나님, 어찌하여 나를 버리셨나이까!"라는 두렵고 절망적인 절규를 되풀이할 필요가 없다. 부활이 우리로 하여금 하나님의 숨겨진 임재와 승리라는 견지에서 십자가를 해석하게 해주기 때문이다.

그러므로 우리는 그리스도께서 십자가에서 죽으신 것이 대속적이라고 말할 수 있다. 즉 그분이 우리 대신 무언가를 짊어지셨다는 말이다.

부활 이후에 십자가는 대단히 다른 견지에서 이해된다. 그리고 우리는 그런 견지에서 십자가를 바라본다. 예수 그리스도는 십자가의 모든 황량함과 절망을 경험하셨다. 또한 우리가 지금 '부활로 이끄는 십자가'로 경험하는 순전한 '십자가'를 경험하셨다. 그렇게 인간의 생명과 그리스도인의 실존의 필연적인 종국―고난과 복음―으로부터 절망과 자포자기의 가시를 빼내어, 그리스도는 자신의 뒤를 따라 같은 길을 가는 사람들이 새로운 견지에서 십자가를 묵상하게 하신다.

우리에게 주어진 것, 그리고 우리가 하나님이 그분의 세상에서, 그분의 교회에서, 신자 개인의 실존에서 임재하시고 활동하시는 방식을 분별하려 할 때 사용할 것은 바로 이런 모델이다. 신자들은 의심과 절망의 순간, 자기 확신을 모두 빼앗기고 너무 쉽게 잊혀진 갈보리의 모든 교훈을 다시 배우기 원하는 간절한 순간에 십자가로 돌아가야 한다. 또한 신자는 첫 번째 성금요일의 이야기를 자신의 현재 상황에 대입하는 법을 배워야 한다. 하나님의 부재에 대한 인식, 모든 사람이 기대한 일이 일어나지 않았을 때의 절망과 낙담의 이야기 말이다. 그 이야기는 하나님의 결정적이고 예상치 않은 개입으로 세상의 심판을 뒤집고 압도한 부활에 의해 변화되었다. 하나님은 임재하고 계셨다. 다만 사람들이 예상한 곳에 계시지 않았을 뿐이다.

하나님이 우리의 경험 속에서 부재하셨던 것처럼 느껴지는가? 하지만 경험은 실제로 얼마나 믿을 만하지 못하고 유혹적인 안내자인가!

사람들이 다른 사람들의 손에 무자비하고 억압적으로 고난당하는 것을 보며, 우리는 그 고난을 허용하시면서 동참하지는 않으시는 하나님을 향해 분노를 터뜨릴 수 있다. 하지만 우리의 믿음은 하나님이 그분의 율법 아래서 그분의 백성에 의해 정죄받고, 조롱하는 무리 앞에서 십자가에 달리셨을 때 생겨났다. 그렇게 하나님은 인간이 경험한 가장 어두운 순간과 함께 계셨다. 그 순간을 하나님의 역사와 그분의 존재 속으로 끌어들이셔서 자신의 위엄을 부여하셨다.

십자가를 지는 것

그리스도인의 삶에는 인생을 편하게 사는 것이 포함된다고 선포하는 사람들에게 십자가는 결정적인 모순으로 나타난다. 실제로 예수의 부활을 행복해하다가 기독교 신앙과 실존이 하늘로 올라가버려, 마침내 이 세상 현실과의 모든 접촉점을 포기할 위험이 있다. 하지만 신약성경은 그리스도의 부활이 신자들에게 갖는 엄청난 매력과 의의를 축소시키려는 의도 없이, 독자들의 관심을 십자가로 돌이킨다.

이 경향은 특히 공관복음서에서 분명하게 나타난다. 공관복음은 부활과 하나님과 얼굴을 맞대고 볼 미래의 만남에 과도하게 관심을 기울이지만, 의도적으로 신자들의 관심을 부활하신 그리스도에 대한 그들의 경험에서 돌이켜 그들의 믿음이 현재 이곳에서 행해야 하는 요구들로 향하게 한다.

십자가는 인간의 역사와 경험 한가운데 굳게 닻을 내리고 있다. 신자들의 삶 역시 그래야 한다. 그리스도인은 십자가의 그늘 아래 존재한다. 예수를 따르라는 부르심은 예수님의 부활의 영광에 참여하는 것뿐 아니라 그분의 고난에도 참여하라는 부르심이다(막 8:31-38). 신자들이 그들의 실존에 부과하는 법을 배워야 하는 유형은 고난과 배척과 죽음을 통해 부활하신 그리스도의 영원한 생명과 영광으로 이르는 여정이다. 이러한 것들을 우회할 방도는 없다. 그것은 기독교 제자도의 진정한 표시다.

이러한 통찰들은 십자가의 신학이 신자 개인의 경험에 지니는 무게를 더해준다. 고난과 굴욕과 거부는 사실상 믿음의 품질보증서, 참된 제자임을 나타내는 표시, 부활하신 그리스도의 영광에 동참하리라는 보증이다.

신자들이 하나님의 자녀임을 나타내기 위해 십자가와 함께 세례를 받는 것처럼, 하나님의 모든 자녀의 삶은 예수 그리스도의 고난과 십자가에 의해 형성되고 영향을 받는다. 세례는 그저 그리스도인의 삶이 시작할 때만 관련되는 것이 아니라 삶 전체를 상징하는 것, 그리스도와 함께 계속해서 죽고 다시 사는 것이다.

신자들은 자신의 삶에서 십자가의 유형-고난을 통한 영광-을 인식함으로써 그들이 하나님의 약속 안에 있다는 것, 부활의 신비를 공유한다는 것, 그리스도의 부유함의 상속자라는 것을 안다. 바로 이러한 이유 때문에 루터는 당시 사람들이 놀랄 정도로 고난의 긍정적 측면을 강조했다.

다음 본문은 앞에서 이미 인용되었지만 매우 특징적이므로 더 성찰해볼 필요가 있다.

십자가의 신학자(즉 십자가에 달리시고 감춰지신 하나님에 대해 말하는 사람)는 고난, 십자가, 죽음이 무엇보다 가장 귀한 보물이며 가장 신성한 유물이라고 가르친다. 이 신학의 주님이 자신의 가장 거룩한 육신과 가장 거룩한 뜻을 품으심으로 그것을 거룩하게 하시고 복 주신 결과다. 뿐만 아니라 주님은 이러한 유물들을 여기 남겨두시어 사람들이 입 맞추고, 추구하고, 받아들이게 하셨다. 하나님으로부터 그리스도의 이 보물들을 받을 만하다고 인정된 사람은 얼마나 복되고 행복한가!

고난과 믿음은 한데 결합되어 있으며 그것의 강렬함과 질은 직접 관련되어 있다. 루터에 따르면 신자와 그리스도는 믿음으로 밀접하게 연합되어 있다. 신자는 그리스도의 생명을 소유하며 그리스도는 신자의 생명을 소유한다. 그리스도의 생명은 신자의 생명 속으로 침투해 들어오며, 그리스도의 것은 곧 우리의 것이 된다. 그리고 그리스도가 우리에게 주시는 부요함(유산)은 우리가 그리스도와 함께 다시 부활하기 위해 그분과 함께 고난을 받는 특권이다. 그리스도가 한때 밟았던 동일한 길을 밟는 것이다. 그것은 먼저 십자가로, 그다음에는 영광으로 이끈다.

바로 여기에서 우리의 믿음이 시험을 받는다. 정말로 십자가 너머에 영광이 있는가? 십자가는 인간 생명의 끝을 나타내는 표시인가, 생명의 시작을 나타내는 표시인가?

믿음의 삶은 십자가가 영광으로 이르는 문이며, 새 예루살렘으로 들어가는 입구이고, 성금요일이 가고 부활절이 온 것처럼 신자들의 삶의 고난과 고통과 모순들도 반드시 해결되고 변화될 것이라는 확고부동한 확신 가운데서 사는 삶이다. 부활이 없으면 십자가의 길은 금욕적인 자기부인, 기껏해야 존재의 무익함을 인정하는 길이고, 최악에는 절망과 미혹으로 이끄는 길이 된다. 그것은 예수 그리스도의 부활을 믿는 믿음과 그것이 우리 삶에 미치는 함축들에 대한 인식이다. 그것은 십자가의 신학에 현실주의와 목적의식을 부여한다. 이 길을 걷는 것은 오직 십자가로 이끄는 고난과 고통과 배척의 길을 따르는 것이다. 하지만 믿음은 우리보다 먼저 그 길을 지나가시고 저편에서 우리를 기다리시는 그분을 맞이하기 위해 우리가 십자가를 통과해야 함을 인식한다.

"우리는 그리스도의 고난에 반드시 응답해야 한다. 말이나 형식이 아닌 생명과 진리로써다"(루터). 십자가는 하나님에 대한 개념의 원천일 뿐 아니라 그리스도인의 존재의 기초다. 그것은 신자의 존재 형태를 드러내며, 그리스도인의 삶의 자연스러운 유형으로 확립된다. 이 개념은 '우리의 십자가를 지는 것'이 더 영적이고 계몽된 신자들만 행하는, 모종의 공로적 행위라는 개념과 매우 거리가 멀다. 신자가 그리스도의 고난에 참여하기 때문에 그의 존재는 십자가에 의해 형성된다.

우리는 신자가 그리스도의 십자가를 실존적인 방식으로 짊어져야 한다고 말할 수 있다. 십자가로부터 신자가 멀어지게 하는 모든 것은—물질적 부든 영적 교만이든—그리스도인으로서의 삶의 활력과 진정성에 잠재적으로 가해지는 위협이다. "그리스도의 십자가는 모든 것을 버리고 믿는 마음으로 오직 그리스도 한 분께 매달리는 것이다"(루터).

십자가는 그것이 수반하는 모든 것과 더불어 신자에게 기독교적인 삶의 일부로 주어진다. 이 사실을 인정하고 받아들이면서 신자는 자기의 소명을 확고히 한다. 그는 십자가를 찾을 필요가 없다. 이미 그 아래 서 있기 때문이다. 즉 십자가는 신자가 선택하는 것이 아니라 믿음을 통해 그에게 부과되는 것이다. 신자의 영적 성장은 대체로 그의 삶 전체가 예수 그리스도의 고난, 죽음, 부활과 뗄 수 없이 연결되어 있다는 것, 그래서 그리스도 안에서 이미 획득한 자신의 신분으로 되어가는 사실을 점점 더 인식하는 것이다. "그리스도의 고난의 실제적이고 참된 역사는 우리를 그리스도께 복종시키는 것이다"(루터).

십자가와 신자의 가치관

신자의 길에 놓이는 가장 큰 장애물은 자아다. 때문에 십자가에 달리신 그리스도의 방식대로 다시 만들어지려면 반드시 그 장애물을 제거해야 한다. "그리스도께서 우리 안에서 형성되고 홀로 계시기 위해 우리는 파괴되고 그 형체가 없어져야 한다"(루터).

십자가는 우리의 영적, 지적, 도덕적 교만을 무너뜨려, 그러한 것들이 실제로 얼마나 공허하고 헛된 것인지 보여준다. 우리 자신을 영적, 도덕적, 지적으로 자율적인 존재라 여기는 인간의 교만은 자신에게 도움이 필요할 때조차 자기 자신을 벗어나 외부를 바라보지 못하도록 막는다. 루터는 일종의 영적 자기도취로 "인간은 자신 쪽으로 굽어져 있다"(incurvatus in se)고 주장했다.

인류는 자신의 구원론적 자원이 부적절하다는 것, 스스로를 구원할 수 없다는 잔혹한 사실을 전혀 알지 못한다. 우리가 그처럼 높이 평가하는 기능들-우리의 이성, 종교적 성향 등-이 실제로는 하나님께서 그 위에 무언가를 세울 수 있는 기초라기보다 오히려 하나님께로 가는 것을 막는 장애물이라는 것을 이해하기 어렵다. 이런 이유들 때문에 하나님은 세우기 전에 먼저 허무신다.

의와 영성, 개인적 거룩함 등에 관한 우리의 기본적이고 자연적인 인간적 본성이 잘못되었다는 사실은 근본적인 문제가 아니다. 그러한 통찰은 오히려 하나님과 인간 사이의 접촉점, 계시를 해석하고 이해하는 교두보 역할을 한다.

문제는 우리가 우리 자신 너머를 보는 것, 우리의 상황을 변혁시키려면 도움이 필요하다는 것을 인정하는 것, 우리의 개인적 부적절함을 시인하는 것 등을 꺼리는 것이다.

간단히 말해, 자존감이 파괴된 가운데 우리 자신과 하나님에 대한 이해를 다시 세우는 수단을 발견하기 위해서 우리의 자신감을 산산이 깨뜨려야 한다. 즉 십자가는 우리의 부적절함을 시인하고 하나님께 돌아서지 않을 수 없게 한다.

예수 그리스도는 도덕적이고, 종교적이고, 성실한 사람들-인정하기 싫지만 우리 자신과 같은 사람들-에 의해 십자가에 못 박혔다. 예수님의 십자가 죽음에 책임이 있는 사람들이 우리 자신보다 덜 도덕적이거나, 덜 종교적이거나, 덜 성실하다고 생각한다면 십자가 죽음에 대한 핵심을 놓치는 것이다.

메시아는 하나님 자신의 율법 아래서 자신의 백성에 의해 죽임을 당했다. 이 말은 곧 하나님이 우리 한가운데 계실 때에도, 심지어 지식에 근거한 우리의 도덕적, 종교적, 영적 통찰들조차 우리가 하나님을 발견하는 것을 막을 정도로 심각하게 왜곡될 수 있다는 의미다.

우리의 도덕적·종교적 통찰들은 하나님 면전에 반항적으로 세워진 바벨탑이라는 인간적 구조물과 같은 경우가 많다. 우리는 무의식적으로 그것을 만들었다. 아무도 그렇게 할 권한을 위임받지 않았는데 말이다.

우리의 통찰은 많은 원천들로부터 나오며, 일반적으로 무비판적으로 종합되어 하나님께 거의 의존하지 않는 인생관을 형성한다. 십자가는 이런 바벨탑에 심판을 가하고, 단순한 허구로 여겨 쓸어버리며, 우리로 하여금 살아계신 하나님에 대한 비전에 직면하게 한다.

하나님은 우리의 자연적 통찰을 승인해주시기는커녕 그 통찰들을 부정하신다. 그것이 명백하게 잘못된 것이어서가 아니라 하나님을 배제하는 방어벽을 쌓았기 때문이다.

십자가는 파괴적인 동시에 창조적인 하나님의 행위를 나타낸다. 그것은 하나님에 대한 우리의 선입견들을 파괴하고 그 자리에 살아계신 하나님이 들어오시게 한다. 십자가는 우리의 가치관에 의문을 표하며, 우리의 시선을 자신에게서 돌이켜 하나님께로 향하게 한다. 그리고 우리가 하나님의 길에 놓아둔 장애물들을 제거하도록 돕는다.

인간은 키에르케고르가 말한 소위 "하나님과 인간 사이의 무한한 질적 차이"를 간과하면서, 역사 전체에 걸쳐 피조물의 신분에서 창조주의 신분으로 이동하려는 일관된 경향을 보여왔다. 인간은 하나님이 자신들의 도덕적·종교적 통찰을 인정해주시길 기대한다. 다른 한편으로는 그런 통찰들이 예수 그리스도 안에 나타난 하나님의 자기 계시를 통해 산산이 부서지며, 부적절한 풍자적 모습을 있는 그대로 노출시킨다. 십자가를 진지하게 여긴다는 것은 신학이 우리를 향하신 하나님의 움직임에 관한 것이며 십자가에 못 박히신 예수 그리스도의 모습에 초점을 맞추고 있다는 사실을 인정하는 것이다.

하나님을 이해하려는 우리의 노력은 십자가에 달리신 그리스도를 통한 하나님의 자기 계시로 대체되어야 한다. "십자가는 우리의 모든 의와 지혜를 깨뜨린다"(루터). 동시에 하나님은 영원히 살아계시며, 신학적 재능이나 감독들의 종교 회의로 통제할 수 없는 분임을 상기시킨다. 그것은 하나님이 어떠해야 하며, 어떤 조건으로 그분을 만날 수 있는가에 대한 우리의 선입견을 잠재운다. 우리가 갈보리에서 하나님을 만나게 하기 위해서다. 그렇게 우리는 하나님의 신성과 우리가 하나님을 묘사하려는 시도가 완전히 부적절하다는 것을 재발견하게 된다.

바로 이런 이유 때문에 십자가의 신학은 겸손의 신학이다. 사물을 있는 그대로, 십자가에 반영된 대로 보는 것이다. T. E. 엘리엇은 다음과 같이 말했다.

> 우리가 습득하기를 소망할 수 있는 유일한 지혜는 겸손의 지혜다. 겸손은 끝이 없다.
>
> - 『이스트 코커』(East Coker) 중에서

십자가의 신학이 사물을 있는 그대로 드러내고 명명하며, 우리가 그런 통찰에 의거하여 행동하도록 도전할 때, '진리'와 '실제'에 대한 우리의 인식-우리의 선입견-에도 예리하고 불안하게 하는 도전이 제기된다. 십자가는 신자가 그 그늘 아래 있을 때 어떤 형태의 겸손이 그의 삶을 형성해야 하는지 나타낸다. 우리의 자신감과 의기양양함이 무너질 때 실제를 세우기 위해 환상을 멸해야 한다는 인식이 생겨난다.

십자가가 정죄를 의미하는 것으로 보일 수 있다. 하지만 그것은 우리의 의와 도덕이 지닌 환상을 드러내고 우리의 죄를 인정하여 회개하지 않을 수 없게 한다는 점에서 실제로는 용서와 은혜를 의미한다. 이것은 값싼 은혜가 아니라 대가를 치르고 얻은 은혜다. 십자가는 우리의 죄성과 부적절함을 절실히 느끼게 하면서 자기 확신을 벗어버린 우리의 모습을 드러낸다. 그것은 결정적으로 신자나 교회가 갖고 있는 자기 충족감과 충돌하며, 그들의 가장 큰 안전과 힘이 그들이 상상하는 능력에 있는 것이 아니라 십자가의 고난 속에 감춰진 하나님께 있다는 것을 인정하지 않을 수 없게 한다.

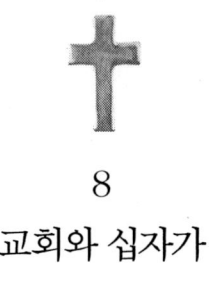

8
교회와 십자가

신약성경에 따르면, 교회-믿음의 공동체-는 예수 그리스도의 십자가와 부활에 의해 세상으로부터 부르심을 받았다. 예수 그리스도의 십자가와 부활을 선포하도록 세상에 다시 보내심을 받기 위해서다. 신약성경(특히 바울)은 십자가에 달리시고 부활하신 그리스도와 교회가 너무나 밀접한 연관이 있다고 이해하기 때문에 교회는 "그리스도의 몸"(고전 10:16; 12:13)으로 인식되어야 한다.

십자가에서 죽으시고, 죽은 자 가운데서 다시 살아나신 그리스도의 몸은 지상의 그리스도의 몸-믿음의 공동체, 기독교 교회-으로 바뀌거나 동일시되었다.

그렇다면 교회는 무엇을 위해 존재하는가? 무엇을 하기 위해 생겨났는가? 우리가 서구 사회에서 보는 제도들이 정말로 기독교 교회인지 아닌지를 판단하려면 어떤 기준을 사용해야 하는가?

마틴 루터와 16세기의 다른 종교개혁가들이 제기한 질문들은 오늘날에도 적실성을 갖는다. '교회는 그분의 부르심에 충실한가? 만일 그렇지 않다면, 누가 어떤 대가를 치르고 교회의 신실함을 다시 회복시킬 것인가?' 루터는 1517년 비텐베르크 성(城) 교회 문에 95개 조항을 게시하여 오늘날 우리가 종교개혁이라고 부르는 운동을 시작했다. 종교개혁은 서구 교회의 연합을 깨는 희생을 감수하면서까지 교회가 참된 사명과 부르심을 회복하게 하려 했다. 강요된 종교개혁은 큰 희생을 요한다. 때문에 교회는 자신의 권리 증서에 비추어 계속해서 스스로를 평가하고 판단하는 법을 배워야 한다. 교회는 '항상 개혁하는 교회'(ecclesia semper reformanda), 곧 교회가 생겨나게 하고, 세상을 섬기기 위해 세상에서 교회를 불러낸 그 위대한 사건들에 비추어 계속적으로 자기 교정을 해야 한다. 오늘날에도 기독교 교회는 비텐베르크 문 앞에 서 있다는 것을 인식해야 한다. 그것에 의해 교회가 존재하게 되었으며, 그것에 의해 교회가 심판을 받는다는 진리를 읽기 위해서다.

교회의 사명

기독교 교회는 예수 그리스도의 십자가 죽음과 부활이라는 사건에 대한 반응으로 생겨났다. 그것의 기원에 대한 다른 어떤 이유도 설득력 있게 주어질 수 없을 것이다. 또한 교회는 복음 선포를 위해 세상에 다시 보냄을 받도록 세상으로부터 부름받았다. 기독교 공동체가 그것의 기원이 된 유대적 맥락과 구분되어야 할 필요성은 십자가라는 스캔들을 통해 생겨났다. 그 스캔들은 바로 오랫동안 기다려온 예수 그리스도가 하나님에 의해 십자가에 달리시고 죽은 자 가운데서 다시 살아나셨다는 선포다(행 2:22-36; 고전 1:22-23 참조).

교회가 1세기 유대교의 문화적 속박에서 벗어나 지중해 세계로 확장된 것은 십자가에 달리신 그리스도에 대한 선포에 기초한다. "우리는 십자가에 못 박힌 그리스도를 전하니"(고전 1:23). 이것은 기독교 교회가 역사 속에서 자신의 존재 이유 및 인류에 대한 적실성에 확신을 갖고 있을 때 선언한 것이다. 기독교 교회의 정체성과 사명은 십자가에서 돌아가신 그리스도의 부활에 대한 선포와 절대적으로, 그리고 복잡하게 연결되어 있다.

이 상황이 변해야 할 이유가 있는가? 초기에 교회는 자신의 존재 이유와 정체성, 적실성의 기초가 주어졌다는 사실에 크게 기뻐했다. 즉 교회는 자신의 존재를 세상에 정당화할 수 있는 역할을 찾을 필요가 없었다. 교회는 십자가에 달리신 예수 그리스도의 부활이라는 좋은 소식과 이 놀라운 사건이 세상이 미치는 함축들을 전달하고 선포하는 역할을 부여받았다. 그 어떤 단체도 이런 역할을 갖지 못했다. 이 좋은 소식이 잘못되거나, 부적절하거나, 합당하지 않은 것으로 밝혀졌다면 아마도 2세기 이후로는 교회가 존재하기 어려웠을 것이다. 말하자면 교회는 이 한 가지에 모든 것을 걸지 않을 수 없었다.

교회는 십자가에 달리셨던 그리스도가 정말로 죽은 자 가운데서 살아나셨으며, 이 사건의 파급 효과가 시공간적으로 널리 미친다는 선포에 기초하여 세상과 맞서야 했다. 교회의 정체성과 적실성, 그리고 그에 따른 존재는 이 놀라운 주장이 사실인지 아닌지에 따라 운명이 결정될 수밖에 없었다.

시간이 흐르면서 교회는 콘스탄티누스의 회개를 통해 로마 제국 안에서, 그리고 18세기 계몽주의가 일어날 때까지 유럽 전역으로 퍼져 나갔다. 교회는 사회에서 도덕 수호자 같은 새로운 역할을 획득했다. 그렇게 서구 사회 내에서 확실하게 자리를 잡으며 그 사회의 구조와 가치관에 동화되었다. 서구 사회는 계속해서 교회가 특정하고도 제한된 사회적 역할들을 수행하도록 허용하지만, 이러한 역할들을 점차 세속 기관이 빼앗고 이용하는 것이 분명해지고 있다. 예를 들어 사회봉사 기관이 가난한 사람들을 돌보기 때문에 교회가 더 이상 그 일을 하지 않아도 된다는 말은 아니지만, 교회가 이런 역할들로 자신들을 규정지어서는 안 된다.

사회가 교회에 부과한 역할들, 혹은 교회가 사회 안에서 스스로 주장한 역할들은 쇠퇴의 길을 걷고 있다. 그러니 이제는 교회가 오직 자신만의 역할을 회복해야 할 때가 아닐까? 교회가 자신의 젊은 날, 즉 신앙이 젊고 활기찼을 때, 그리고 자신이 세상에 전할 뭔가 중요하고 적절한 소식을 가지고 있다고 확신했던 시절을 상기할 때가 아닐까?

서구 사회의 변화하는 국면, 특히 교회가 한때 그 사회에서 부여받았던 많은 역할들로부터 물러나게 되는 상황은 서구 교회 안에서 심각한 정체성의 위기를 초래했고—반드시 그래야 한다!—교회들로 하여금 도대체 자신들이 왜 존재하는지 묻지 않을 수 없게 했다. 교회가 그저 다른 사람들이 수행하는(오히려 더 전문적으로 수행하는) 역할들만 수행한다면 굳이 존재할 이유가 없다. 교회가 자신들이 선택했던 사회적 역할을 잃어버리고 원래 자신에게 주어졌고 신약이 웅변적으로 증거하는 역할, 곧 "가서 모든 민족을 제자로 삼아"(마 28:19)라는 역할을 마지못해 떠맡는 것보다 더 슬픈 장면은 없다.

사실 교회는 독특한 역할을 부여받았으며 지금도 소유하고 있다. 그것은 교회에 장자권으로 주어진 것이지만 교회는 마치 에서가 자신의 장자권을 취급하듯 소홀히 여기는 경향이 있다. 에서는 그것이 눈에 보이지도 않고 물질적인 것도 아니었기 때문에 약간의 죽과 바꿀 수 있었다(창 25:29-34). 이런 거래가 주는 물질적 유익은 당장의 일시적인 필요를 어느 정도 만족시킬 수 있지만, 장기적으로는 놀랄 만큼 어리석은 행동이다.

이제 그 장자권을 되찾을 때다. 그리고 그와 함께 정체성과 적실성에 대한 교회의 주장도 되찾아야 한다. 이 주장은 우리의 진보 개념과 반대되는 퇴보의 행동으로 보일 수 있다. 어떻게 시계를 거꾸로 돌릴 수 있는가? 뒤로 돌아가지 않고 앞으로 나아가야 앞에 놓인 길을 차지할 수 있는 것 아닌가? 하지만 그 길이 시작은 전도유망했지만 결국 어느 곳으로도 인도하지 않는 것처럼 보인다면, 그때는 발걸음을 돌려 다시 돌아와야 한다. 우리가 어디에서 잘못되었는지 발견하기 위해, 그리고 다시 올바른 길을 발견하기 위해서다.

우리는 현재의 행동 방향을 집요하게 추구하는 것이 아니라, 우리의 위치를 비판적으로 평가하고 필요한 모든 조정-이미 벌어진 일을 원상태로 돌리는 것을 포함하여-을 수행함으로써 전진한다. 계속 같은 길을 가는 것은 전진이 아니라 신학적 보수성을 보여주는 것이다.

반면 십자가로 돌아오는 것은 서구 기독교를 지배하고 있는 특정 조류와 견해들을 거슬러 헤엄치는 것이다. 그렇게 조류를 거슬러 헤엄치다 보면 마침내 원천을 발견하고 그곳에 이르게 된다. 그 원천이란 언제나 그랬듯이 (우리가 인식하든 인식하지 못하든) 예수 그리스도의 십자가와 부활이다.

현대 사회에서의 교회의 적실성에 관한 모든 논의, 혹은 교회의 '본질'(esse)과 '안녕'(bene esse)에 관한 교회적 논의에서, 사람들은 사명을 거부하는 교회가 이제 더 이상 적절하지 않을 뿐 아니라 기독교 교회가 아니라는 사실을 놀랄 만큼 인정하려 들지 않는다. 교회는 자신을 위해 존재하는 것이 아니라 교회가 선포할 복음을 위해 죽으신 분과 그 복음을 듣기 원하는 사람들을 위해 존재한다. 따라서 십자가에 달리신 그리스도의 부활, 그리고 그 사건이 인류에 미치는 영향과 적실성을 선포하는 임무에 실패하는 것은 교회의 '본질'과 '안녕' 모두를 상실하는 것이다. 선교는 책임 있는 사회적 활동과 참여를 포함한다. 하지만 '십자가의 도'(word)는 반드시 듣고 이해해야 할 것, 그리고 그에 대한 반응을 위해 선포되어야 하는 '말씀'(word)이다.

선교에 대한 교회의 부르심은 신학과 인간의 현실 속에서 교회의 선포를 위한 기초 과정의 촉매요 자극제다. 교회는 사명 속에서의 행보로 자기들의 실존을 재확인해야 한다. 자신들의 미래를 위한 과업, 그리고 애초에 교회를 존재케 하신 하나님에 대한 책임의 심각성과 긴급함을 인식하면서 말이다.

서구 교회에서 학문적 신학에 대한 무관심이나 적대감이 늘어가는 것은 궁극적으로 이 신학이 학문의 상아탑 상층부에 사로잡혀 있다는 의심에 근거한다.

따라서 그것의 목적과 적실성을 되찾으려면 인간 현실이라는 바닥으로 내려와야 한다. 선교와 신학은 너무나 밀접하게 관련되어 있으므로, 서구의 신학자들이 익숙해진 방식대로 그것이 분리되도록 허용하면 안 된다. 결국 예수 그리스도 안에서 하나님 자신이 이 땅으로, 죽을 수밖에 없는 우리 인간의 수준으로 내려오신 것처럼 신학자들도 그렇게 해야 한다.

신학이 교회를 섬기고 세상에 대한 교회의 사명을 감당하려면 이 땅으로 내려와야 한다. 그리고 만일 신학이 현실로 내려오려 하지 않는다면, 우리는 교회의 목회적·선교학적 필요를 향한 신학의 발전을 위해, 교회에서 더 이상 적실성을 지니지 못하게 된 학문적 신학을 무시함으로써 그것을 끌어내려야 한다.

학문적 신학은 자기 스스로 의제를 설정하고 자신의 방법들을 사용할 권리를 요구함으로써 기독교 교회의 삶과 관심사로부터 점점 더 멀어졌다. 때문에 교회가 신학을 무시한다 해도 그것에 대해 불평할 이유가 없다. 신학이 교회에서 적실성을 지니려면 교회의 삶을 지향해야 한다.

학문적 신학은 자신이 하나님의 존재 및 교회의 삶을 좌우하는 위대하고 궁극적인 질문들을 결정하는 것처럼 생각한다. 그러면서 모든 사람이 그들의 토론 결과를 숨죽이고 기다리고 있을 거라 착각한다. 하지만 실상은 마치 오리들이 연못에서 빵 몇 조각을 놓고 싸우는 것에 불과하다. 그들이 자신들의 사적이고 제한된 사소한 언쟁을 벌이는 동안 세상은 자기 일에 바빠 그들을 지나쳐간다. 바로 여기에서 '십자가의 신학'은 근본적이고 중대한 역할을 맡는다. 우리에게 역사적으로나 신학적으로 교회의 사명이 시작된 시점, 즉 십자가에 달리신 분의 부활로 돌아가라고 권유하는 것이다. 이것은 우리가 세상과 다시 직면할 때 균형감각과 흥분, 즉 우리에게 뭔가 능력 있고 희열을 느끼게 하는 소식이 있다는 느낌을 회복하기 위함이다.

교회 안의 승리주의

십자가로 돌아가는 것은 기독교 교회가 직면하고 있는 문제들을 그 교회가 생겨나게 한 사건의 관점에서 보는 것이다. 그것은 세상에 대한 교회의 견해를 형성하며, 그것의 정체성과 적실성에 대한 생각을 지배한다. 루터에게 '십자가의 신학'은 '영광의 신학'과 대조된다. 아마 후자는 현대의 '승리주의'(triumphalism)로 번역하는 것이 적절할 것이다.

십자가의 신학은 비판적 신학이며, 그 비판은 주로 세상을 향한 것이 아니라 기독교 자체의 특정한 승리주의적 경향에 대한 것이다. 교회는 세상을 비판하기 전에 먼저 자기 비판적이어야 한다(십자가의 신학이 부정적이라는 말은 아니다. 신학에 대한 '아포파시스적인'[apophatic, 긍정적 주장들보다는 부정을 통해 신에 대한 지식을 얻는-역주], 혹은 '부정적인' 접근과 어느 정도 유사성이 있을 뿐이다).

교회 일각에서는 예수의 부활이 십자가를 대체한다고 주장한다. 다시 말해 그리스도인의 삶은 십자가의 그늘보다는 부활의 권능 안에서 살아야 한다는 것이다. 물론 우리는 믿음을 통해 이 땅에서 부활의 권능을 이용하고 그것을 우리 자신의 것으로 만들 수 있다고 주장할 수 있다. 즉 교회는 부활의 능력에 비추어 살아야 한다.

이런 주장의 취지는 명백하다. 부활이 없으면 기독교 신앙은 아무 의미가 없다는 것이다. 부활이 없다면 그리스도의 죽음은 유대 전통 속에 있는 랍비의 가르침을 영속시키기는커녕 모든 형태의 기독교를 끝내버리는 재앙이 될 것이다. 부활을 '희석'시키려는 시도(예를 들어, 그것을 '역사적 사건'이 아니라 '예수님에 대한 기억'이라는 견지에서 재진술하는 것)들은 아무런 확신을 주지 못한다. 그것을 믿기는 쉽지만, 믿을 만한 가치는 없다. 예수의 부활이 순전히 '영적인' 일이며 그의 몸이 무덤에 남아있었다는 생각은 다소 현대화된 개념이다. 그리고 계몽주의 사상이 실재에 대해 주장한 독단적인 견해에 기초한다. 하나의 역사적 사건이자 개인적 경험으로서의 부활이라는 실재는 초대 기독교의 설교를 지배한다. 그것이 거기에서 파생된 기독교 전통을 지배하고 있는 것과 마찬가지다. 하지만 부활의 승리가 가진 심오함, 그것의 온전한 의미는 십자가 죽음의 관점으로만 인식할 수 있다. 십자가 죽음은 '이전'을 규정하고, 부활은 '이후'를 규정한다. 그러므로 십자가 죽음의 의의를 폄하하는 것은 부활의 승리를 값싼 것으로 만들어버리는 것이다.

더 중요한 것은, 예수를 따르라는 부르심이 부활 이전에 있었던 그의 고난, 배척, 십자가에 참여하라는 부르심이라는 것이다. 믿음의 길은 십자가를 거쳐 부활로 이어진다. 기독교 교회는 지상에 있는 하나님의 백성, 한 발은 이미 십자가 저편에 굳게 내딛은 채 지금 이 땅에서 부활의 권능을 실제로 체험하고 있는 사람들이다. 하지만 아무리 낙관적으로 말해도 이 권능은 십자가의 냉혹함이 지배하는 세상으로 뚫고 들어온다. 십자가는 여전히 인간의 상황과 하나님께서 그 상황을 다스리는 것에 관한 근본적 진술이다. 교회는 그리스도께서 하셨던 것처럼 연약함 속에서 승리하는 법을 배워야 한다.

부활의 생명을 맛본 교회가 세상에 뿌리박고 현 상황에서 그 생명을 전하는 것은 어려울 수 있다. 하지만 그리스도께서 자신의 십자가 강단에서 세상을 향해 말씀하셨던 것처럼, 교회는 기독교 선포의 기초로 인정받은 것이 바로 부활의 관점에서 바라본 십자가임을 배워야 한다. "내가 너희 중에서 예수 그리스도와 그가 십자가에 못 박히신 것 외에는 아무것도 알지 아니하기로 작정하였음이라"(고전 2:2).

십자가는 하나님과 세상을 지배하고 있는 어둠의 세력들과의 총체적 교전을 보여준다. 따라서 교회도 나름의 교전을 해야 한다. 그와 똑같이 진지하게 대하고 십자가에 기초를 두면서 말이다. 십자가는 하나님이 인간의 역사에 결정적으로 참여했다는 표시다. 즉 세상을 바꾸는 고난과 구속하는 사랑의 참여다. 외부에서 그 과정을 지시하는 것이 아니라 내부로부터, 고난받는 인류와의 결속을 통해 바꾸는 것이다. 그렇게 하나님은 인간 역사의 흐름 속으로 들어오시고, 그 물결에 올라타 경로를 바꾸신다.

교회는 사람들의 모임이므로, 때로 '십자가의 도'를 대단히 당혹스럽게 여긴다. 교회의 권력을 추구하는 사람들은 십자가에 의해 도전을 받는다. 하나님은 힘없는 자를 통해 역사하시며 다른 식으로 일하고자 하는 사람들, 이를테면 세속적인 권력 제도를 본떠서 교회를 형성하려는 사람들을 계속해서 반대하시겠다고 위협하신다. 교회가 정치권력에 대한 모든 관심을 끊었던 콘스탄티누스 이전의 순수함으로 돌아가는 것은 불가능할 것이다. 하지만 교회는 세속적 모델이 아닌 하나님이 주신 모델에 기초하여 권력을 행사하는 방식을 이해해야 한다. 십자가는 권력을 얻고 발휘하려는 인간의 본능에 반대한다. 또한 교회 안에서 권력을 행사하는 것은 하나님이 질투하며 지키시는 그분의 특권이며, 누구도 빼앗을 수 없음을 보여준다. 아마도 원죄에 대한 가장 뚜렷한 논증 중 하나는 교회-그렇게 어리석으면 안 되는 공동체-의 계급제도, 혹은 위원들 안에서 일어나는 계속적인 권력 투쟁일 것이다. 몇몇 사람들이 주장하듯 구원이 교육에만 관련된 것이라면 교회의 일부가 그리스도의 모범을 보고도 그것을 배우지 못하는 이유는 무엇인지, 그렇게 이해된 구원이 정말로 가능한 것인지 의문을 제기하게 한다.

기독교 교회는 세상에 너무나도 인간적인 면모를 제시한다. 교회 내 각종 위원회의 권력 투쟁, 많은 학문적 신학자들이 '겸손한 신자'를 경멸하는 것, 성직자들이 세상 사람들의 인정과 적실성을 추구하는 것 등을 비롯한 수많은 영역에서 교회는 자신이 실제로 얼마나 인간적인 조직인지 보여준다. 심지어 교회에 매우 호의적인 사람들조차 그러한 모습을 지켜보면서 다음과 같이 단순하면서도 예리한 질문을 하게 된다. '이러한 조직이 십자가에서 죽으신 분과 무슨 관련이 있는가? 이러한 사람들 때문에 그가 죽으신 것인가?'

교인이나 신학자 모두 갈보리로, 그들의 신앙과 현재 그들이 하는 일의 기초가 되는 갈보리 사건으로 돌아가야 한다. 그 십자가의 잔혹함을 충분히 느낌으로써 삶과 소명에 대한 그들의 관점이 개선될 수 있을 것이다. 또한 자신들이 선포하도록 위임받은 사람들을 구속하는 일이 얼마나 심각하고 큰 대가를 요하는지 상기하게 될 것이다.

갈보리에 나타난 하나님의 겸손과 굴욕의 장면은 대단히 위협적이다. 그것은 신자들의 신앙이 기초하는 공동체의 생활방식과 신학적 전제 모두를 부정하고 위협한다. 교회사가 보여주듯이, 교회 내부에서 일어나는 개혁은 외부로부터 부과되는 개혁보다 훨씬 더 선호되어야 한다. 하지만 루터가 깨달았던 것처럼, 십자가에 달리신 그리스도 안에서 주어진 모델에 따라 스스로를 개혁하지 않는 교회는—섬뜩한 결과들에도 불구하고—어떤 식으로든 반드시 견책을 받게 될 것이다. 십자가는 기독교 교회와 신학의 토대이며 판단 기준이다. 그리고 그 기능의 이중적 특성은 교회와 신학에 대한 십자가의 영향력이 위협적인 동시에 마음을 동요시키는 것임을 의미한다.

일찍이 기록된 훌륭한 종교 시 중 하나로 8세기에 앵글로·색슨어로 발표된 '십자가 위의 예수상에 대한 꿈'(Dream of the Rood)이 있다.

이 시에서 시인(그의 신원은 알 수 없다)은 그가 어떻게 하나의 꿈, '최상의 꿈'을 꾸었는지 말한다. 꿈에서 그는 금으로 덮이고 값진 보석이 박혀있으며, 온갖 영광으로 화려하게 빛나는 십자가를 보았다. 아마도 그것은 큰 절기 때 교회들을 지나 개선행진을 할 때 사용하는, 화려하게 보석이 박힌 십자가를 말하는 것 같다. 하지만 갑자기 그의 눈앞에서 십자가의 모습이 바뀌면서 금과 보석이 사라지고 피가 흘러내렸다. 원래의 십자가 처형 장면이 주는 온전한 공포가 나타난 것이다. 이것은 행진 때의 십자가 승리주의가 십자가 처형의 냉혹하고 섬뜩한 과정에 맞서 타협하지 않는 명백한 묘사와 대조를 이룬다. 나무는 '검은 못이 박히고 온통 피로 물들었다.' 그와 같은 못 장식과 피는 개선행진 때의 십자가를 장식하는 보석 및 금장식과 대조를 이룬다.

필연적으로 이 시는 교회 축제의 승리 이면에 있는 커다란 동요와 고민스러운 장면을 상기시킨다. 이 세상의 구원은 피와 못을 통해 획득되었다. 따라서 우리는 교회의 화려한 행렬과 승리, 그리고 교회의 토대가 되는 사건 사이에 어떤 연관이 있는지 묻지 않을 수 없다. 다른 곳에서와 마찬가지로 우리는 계속해서 "이것이 십자가에서 죽으신 예수 그리스도와 무슨 관련이 있는가?" 물어야 한다. 그 시인의 환상이 금과 피, 보석과 못의 창의적이고 통찰력 있는 긴장 사이에서 왔다 갔다 하는 것처럼, 우리는 승리주의로 향하는 우리의 자연스러운 경향이 예수 그리스도의 십자가와 상충되지 않는지 비추어보고, 조절하고, 비판해야 한다.

십자가의 신학은 믿음, 순종, 고난 사이의 친밀한 관계를 규명하고, 그 고난에 참여하는 특권이 주님께서 교회에 남겨주신 가장 큰 보물이라고 주장한다. 즉 그리스도의 순종과 고난은 그의 몸인 교회의 것이므로 교회는 자신의 몸에 그분의 못 자국을 지녀야 한다.

십자가는 기독교 교회 안에 득의양양함, 자신만만함, 승리주의 등이 들어설 여지가 없다는 것을 상기시켜준다. 교회는 하나의 사명을 가지고 있으며, 자신이 그 사명을 충족시킬 수 없다는 것을 계속 보여준다. 교회는 자신이 사명에서 실패했다는 것을 인정하지 않으려고 보다 매력적이고 대안적인 역할을 발견하려는 유혹에 굴복하곤 한다. 그 역할에서는 성공이 좀 더 구체적이고, 쉽게 이루어지며, 가시적이다. 하지만 교회는 이런 식으로 스스로를 속이거나 주의를 딴 데로 돌리면 안 된다. 교회가 문화적으로 규정된 모든 사회적 단언이나 기대에 "아멘"이라고 말할 수 없는 것처럼, 사회가 교회에 부과한 적실성의 외적 판단 기준이 교회의 내적 판단 기준-예수 그리스도의 십자가와 부활-을 대체할 수 없다는 사실을 배워야 한다.

교회와 문화

현대 서구 사회는 교회가 사회의 모든 전제를 다 승인함으로써 그것에 거룩함과 신성한 분위기를 부여해줄 것을 기대한다. 하지만 교회는 사회가 교회에 기대하는 것과 하나님께로부터 받은 소명을 구분해야 한다. 서구의 자유주의적 문화는 나름의 신들을 가지고 있으며, 교회는 그 신들을 우상으로 인식해야 한다. 구약의 선지자들이 이스라엘 백성이 가나안 신들을 섬긴 것에 대해 하나님의 이름으로 항의했던 것처럼, 신학자들은 동일한 하나님의 이름으로 교회 안에 만신전-서구 자유주의 문화의 가치관과 기대들이 하나님과 똑같은 위치를 부여받는, 혹은 하나님과 동일화되는 만신전이다-이 설립되는 것을 항변해야 한다.

지금까지 사람들에게 알려진 모든 문화 중에서 복음에 가장 크게 저항하는 것은 현대 서구 문화다. 특히 그들에게 도전을 가할 사명을 가진 기독교 교회가 그 사회의 가치관과 전제들을 받아들이기 때문이다. 서구 교회는 늘 자신이 서구 문화의 은밀한 포로로 잡혀 있으며, 그것의 거미줄에 갇혀 있음을 보여준다. 그들은 그리스도 안에 있는 구속의 복음을 통해 자신과 다른 사람들을 자유케 하지 못할 뿐 아니라 그럴 생각도 없다. 예를 들어 서구의 일부 목사들은 복음 전파를 달가워하지 않는다. 그것이 청중의 품위를 손상시킬 수 있다는 이유에서다. 사실상 이것은 그들의 만신전 안에 있는 하나의 신-문화적 품위를 손상시키지 않으려는 원리-이 하나님보다 높은 곳에 있다는 것을 인정하는 것과 다르지 않다.

기독교 교회에서 현대 사회의 가치관과 기대들을 승인하는 예는 무수히 많다. 일례로, 제1차 세계대전 때 현대의 영국 성공회 교인들은 전(前) 런던 주교의 말을 들으며 믿지 못하겠다는 듯이 고개를 가로저었다. 그는 "하나님이 이 나라를 위해 죽은 모든 사람을 '잘하였도다 착하고 충성된 종아' 라는 말로 기분 좋게 영접하실 것"이라고 선언했다. 우리는 그 말이 교회 안팎에서 적절한 것으로 간주되었다는 사실을 너무나 쉽게 잊어버린다. 하지만 그 말에 대한 우리의 고민과 불신은 유용한 목적을 위해 사용되어야 한다. 즉 현대의 교회 지도자들이 진정으로 기독교적인 통찰에 집중하기보다 그들 마음에 맞는 사회적·정치적 하위문화가 선도하는 대로 그냥 따라가는 것은 아닌지 도전하는 것이다.

지난날 런던의 주교가 당시 영국 사회에 자리 잡고 있던 기대들을 승인해주었던 것처럼, 오늘날 다른 사람들도 무의식중에 똑같은 일을 행한다. 그리고 훗날 우리가 그 주교의 말이 명백하게 불합리하고 불쾌한 것으로 판단하는 것처럼 우리 역시 그와 똑같은 실수를 한다면, 미래의 사람들도 우리가 표명한 의견에 대해 비슷한 판단을 내릴 수 있다는 것을 기억해야 한다.

외적인 적실성의 기준을 따르는 것은 단기적으로 약간의 이점이 있을 수 있다. 하지만 장기적으로는 역효과다. 전술상으로는 사회적 인정을 받기 위한 투쟁에서 도움이 되지만 전략적인 가치는 의문이다.

또 한 가지 상황은 문화 자체의 본질에 관한 것이다. 서구 교회들 안에는 서구 교회를 '주어진' 무엇, 다시 말해 신학적 삼단논법의 주요 전제를 규정하는 어떤 것으로 간주하는 경향이 있다. 그 삼단논법에서 십자가에 달리시고 부활하신 예수 그리스도는 사소한 전제일 뿐이다.

이 견해에는 사회적 지각력과 신학적 통찰 모두가 부족한 것처럼 보인다. 타락하고 상황의 덫에 갇힌 것은 단지 개인만의 문제가 아니다. 인간 사회, 그중에서도 특히 서구 문화가 동일하게 타락했고 죄의 노예가 되었다. 서구 문화가 시장의 힘에 속박되고 그것이 기득권의 광범위한 조종을 받는다는 사실은 그런 문화가 하나님이 주신 것으로 존중받아야 하고 비판을 초월한 것으로 여겨져야 한다는 주장에 의문을 제기하며, 더 나아가 그러한 주장을 불신하게 한다. 하나님은 주어진 문화적 상황 안에서 역사하시지만 그 문화에 제한받지 않으신다. 그리고 만일 하나님이 어떤 문화 안이나 밖에 얽매여 계시다면, 그렇게 가둔 것은 바로 우리다.

하나님은 어떤 문화의 가치관과 동화될 수 없으며 그 가치관들과 전적으로 반대되는 분으로 내세워져도 안 된다. 문화에 대한 무비판적인 긍정적 접근은 무비판적인 부정적 접근과 마찬가지로 잘못된 것이다. 이 매혹적인 단순화 대신, 우리는 하나님이 궁극적으로 각각의 모든 문화보다 위에 계신 분이며, 그럼에도 불구하고 문화들을 하나님이 인간과 상호작용하는 매체로 이용하신다는 거북한 사실과 씨름하는 법을 배워야 한다.

복음은 하나님의 계시의 도구가 되는 문화를 긍정하면서 접촉점을 확립하는 동시에, 그 계시에 비추어 문화를 비판한다. 복음은 문화에 뿌리를 내리기 때문에 복음과 문화와의 관계에 대한 질문을 다루어야 하며, 궁극적으로는 그 문화에 의문을 제기해야 한다. 하나님이 인간을 구원하시기 위해 인간의 본성을 취하신 것처럼, 복음도 문화를 취한다. 그리고 성육신 교리가 하나님과 인간이 동일시된다는 의미가 아닌 것처럼, 복음의 문화적 상황화는 '복음'과 '문화'가 완전히 똑같은 것임을 의미하지 않는다. 그래서 언제나 인간 문화에서 구체적으로 표현되었던 복음은 궁극적으로 그 문화들의 가치관과 전제에 의문을 제기해야 한다.

이러한 이유로 기독교 교회는 자신이 처한 문화적 맥락과 그것이 확장하고 발전시키기 원하는 문화적 맥락에 비판적 태도를 취하지 않을 수 없다. 복음은 그 문화의 가치관을 승인할 수도 무시할 수도 없다. 그 대신, 어떤 문화적 상황에서든 기독교 복음과 교회에 정체성과 적실성을 주고 보장해주는 판단 기준—예수 그리스도의 십자가—에 비추어 조심스러운 평가 과정을 밟아나가야 한다.

사회에 대한 비판이 여전히 기독교 교회의 중요한 측면으로 남아 있지만, 그것이 교회의 일차적 기능으로 간주되어서는 안 된다. 교회의 중심적이고 필수적인 사명은 동일하다. 그것은 역사적으로 믿음의 공동체가 탄생했을 때 그 공동체에 주어진 것, 곧 십자가에 달리신 그리스도의 부활, '십자가의 도'에 대한 선포다. 사회 비판의 기준에 대한 선포는 논리적으로나 신학적으로 그 비판보다 선행되어야 한다. 그리고 교회가 가질 만한 다른 관심사들과 중대한 일들은 그것이 무엇이든 모두 주변적인 것으로 여겨야 한다. 세상의 모든 관심사 앞에서 이러한 태도는 어리석고 무의미한 것처럼 보일지 모른다. 그리고 교회는 시대의 기준에 비추어 더 중요하고 적절한 것처럼 보이는 것들 속에서 적실성을 찾고 싶은 유혹을 끊임없이 받을 것이다. 하지만 지혜로우신 하나님은 스스로를 감히 '하나님의 교회'라고 부르는 교회에게 교회가 선포해야 할 내용과 이 세상에서 교회가 존재해야 할 이유를 부여하신다.

우리는 왜 하나님이 그렇게 하시는 건지 이해하지 못할 것이다. 심지어 그것이 미친 짓이라고 의심할 수도 있다. 하지만 우리가 기독교 선교의 본질적 특징을 다른 것으로 대체할 권한을 부여받지 않았다는 당혹스럽고도 단순한 사실은 여전하다. 우리가 기독교 전통의 판단에 반대하려면 스스로를 '그리스도인'이라고 부르는 권리에 의문을 제기해야 할 것이다. 우리는 기독교 전통의 온전함을 손상시킬 수 없다. 그것을 상황화하고 그것과 접촉점을 확립하면서 상황에 맞게 조절할 수 있을 뿐이다. '십자가의 도'는 이런 상황들을 뛰어넘으며, 그 상황들로 축소되거나 동일시될 수 없다. '십자가의 도'는 우리 시대뿐 아니라 과거와 미래 세대에도 속한 교회의 참된 보물이다. 그것은 '주어진' 무엇, 우리가 받아들이거나 거부할 수 있는 것이다. 하지만 그것을 현저하게 변형시키는 것은 기독교 전통의 흐름에서 벗어나 새로운 종교를 설립하는 것이다.

교회와 십자가

기독교 교회는 역사적으로나 신학적으로 십자가 죽음의 여파라는 견지에서 규정된다. 그것은 십자가에 달리신 분의 부활이 지니는 의미에 대한 성찰, 그리고 이 사건과 그것이 지닌 의미를 세상에 기쁘게 선포하는 것이다. 교회는 예배를 드리면서 자신이 교회의 구세주이며 주님이신 분과 마찬가지로, 다시 살아나기 위해 죽는다고 기쁘게 선포한다. 세례와 성찬식에서 공동체가 죄에 대해 죽는 것과 새 생명으로 다시 살아나는 것을 상기하고 경축하며, 그것을 공동체 바깥에 있는 사람들에게 실제적인 가능성으로 제시한다.

바로 여기에서 '구원'을 정의하는 말장난이 이루어진다. 십자가가 죽음을 통해 영생을 얻는다고 선포하는 것처럼, 떡과 포도주-죽음의 상징-는 십자가에 달리신 분의 부활을 통해 죽음의 세상에서 얻어지는 새 생명을 선포한다. 패배의 상징이 승리의 상징이 된다. 이스라엘 백성이 모세와 출애굽을 통해 애굽의 속박에서 해방된 것을 상기했던 것처럼(시 105편), 교회는 자신이 예수 그리스도의 십자가 죽음과 부활로 성취된 죄와 죽음으로부터의 구원을 통해 존재하게 되었다는 사실을 기쁘게 선언한다.

기독교 교회의 사명이 바로 여기에서 시작된다. 그리고 교회가 그 사명을 재발견하고, 회복하고, 되찾으려면 바로 여기로 되돌아가야 한다. 교회가 연약함 속에서 온전해진 능력의 상징, 곧 예수 그리스도의 십자가에서 세상을 정복하면서, 그리고 정복하기 위해 앞으로 전진하기 위해서다.

그리스도가 죽으시면서 그의 제자들과 교회에 남기신 유산은 십자가, 곧 수치와 유기와 절망의 상징이 죽은 자 가운데서 부활하여 놀라움과 기쁨으로 바뀐 십자가다. 십자가는 그 위에서 죽으신 분의 진실성을 입증한 도덕적 승리가 아니었다. 부활 없는 기독교는 다소 흥미로울 뿐 궁극적으로는 헛된 개념들 외에 세상에 제시할 것이 아무것도 없다. 이러한 개념이 1세기 유대인 당파의 학문적인 연구서에 등장하지 않는 이유는 초대 그리스도인들이 그들의 구세주이신 주님이 죽은 자 가운데서 다시 살아나신 것을 알았다는 단순하고도 당혹스러운 사실 때문이었다. 그것은 단지 주님의 사상들이 옳다는 것이 입증된 것이 아니라, 그분이 부활하여 영광에 이르시고, 교회가 그분의 계속적인 구속에 대한 지식으로 무장하여 알지 못하는 미래로 나아가게 하신 것이다(마 28:20).

소망과 기쁨이라는 위대한 기독교적 주제들이 고난과 함께 죽으시고, 죽은 자 가운데서 다시 살아나신 분의 십자가로 집중된다. 기독교 교회가 역사의 중요한 부분으로 남으려면, 이와 같이 예수 그리스도를 죽은 자 가운데서 다시 살리신, 세상의 판결을 뒤집으신 하나님에 대한 믿음을 통해 역사 속으로 전진해야 한다.

산 위의 등대처럼, 십자가는 하나님의 사랑과 긍휼의 표시로 죄에 빠진 인간들을 불러 모은다. 그리고 교회는 하나님을 경탄하고 찬미하도록 그 십자가 밑에 공동체를 세운다.

하나님은 감춰진 형태로 십자가의 수치와 고난 속에 나타나시는 분, 자신의 권능과 약함을 통해 매우 강력하고도 효과적으로 호소하시는 분이다. 바로 여기에서 하나님과 우리 자신에 대한 참된 지식을 가져야 한다. 그 지식은 신자와 교회 모두에게 깊은 상처를 준다. 그들이 실제로 어떤 상태인지-벌거벗고, 약하고, 무력하고, 죄 많고, 어리석은-드러내기 때문이다. 하지만 우리는 이러한 상처를 통해 치유되고 또 치유하러 나아간다.

우리는 우리의 벌거벗음, 연약함, 무능함, 죄 많음, 어리석음을 인식함으로써 우리를 교회로 부르신 하나님께 나아간다. 하나님으로부터 치유와 온전함을 받고(계 3:17-19) 그 치유를 다른 사람들에게 전달하기 위해서다. 그래서 십자가의 신학은 소망의 신학이다. 죽음의 두려움과 무의미해 보이는 고난, 그리스도인의 삶의 모순들, 절멸의 위협, 그리고 기독교 복음의 약하고 어리석어 보이는 것 때문에 힘들어하는 사람들을 위한 소망이다.

십자가의 죽음과 부활 사이의 긴장 관계, 곧 그 둘의 변증 관계 안에는 실존에 대한 기독교적 이해와 기독교 신앙과 교회의 정체성 및 적실성을 회복할 열쇠가 있다. 그것은 기독교 교회의 현 상황에 절망한 사람들, 즉 발전은 고사하고 도대체 교회들이 지금까지 어떻게 살아남을 수 있었는지 의아하게 생각하는 사람들을 위한 소망의 신학이다.

교회가 계속 존재하는 것은 인간의 힘과 지혜 때문이 아니다. 세상의 무덤은 교회의 존재와 생명이 자신들에게 달려 있다고 믿었던 사람들로 가득하다. 그러나 무덤은 궁극적으로 교회의 존재와 생명이 달려 있는 한 분을 붙잡고 있을 수 없었다.

십자가의 신학은 세상이 어리석고 약한 것으로 간주하는 것을 통해 계시되고 완전해진, 하나님의 복음이라는 인식을 포함한다. 따라서 '십자가의 도'를 선포하는 것은 그것을 선포하는 사람들의 약함과 죄성을 초월하는 능력을 지닌다. 십자가의 고난 속에 감춰져 있던 하나님이 그분의 교회의 연약함 속에 은밀히 존재하시면서 그것을 극복하고 변화시키신다. 마지막으로 그러한 교회에게 보내는 루터의 말을 살펴보자.

교회를 유지시킬 수 있는 것은 우리도, 우리보다 앞선 사람들도, 우리 이후에 올 사람들도 아니다. 그것은 "세상 끝날까지 너희와 항상 함께 있으리라" 말씀하시는 분이었고, 지금도 그분이시고, 앞으로도 그러할 것이다. 히브리서 13장에서 말하듯이 "예수 그리스도는 어제나 오늘이나 영원토록 동일하시다." 그리고 요한계시록 1장에서 말하듯이 "이제도 계시고 전에도 계셨고 장차 오실 이다." 참으로 그가 교회의 주인이시다. 다른 어느 누구도 그분이 아니며, 그분이 될 수 없다. 당신과 내가 수천 년 간 살아있지 않았는데도 교회는 우리 없이 유지되었다. 바로 "전에도 계셨고" "어제도" 계셨던 분에 의해 이루어진 일이다. 그토록 분명하게 교회와 우리를 지켜오신 분이 없다면, 교회는 바로 우리 눈앞에서 멸망할 것이며, 우리도 그와 함께 사라질 것이다 (우리가 매일 입증해 보이듯이). 이 사실을 믿는 것이 내키지 않을지라도, 우리는 손에 쥐고 느낄 수 있다. 우리는 "이제도 계시고" "오늘"이신 분께 우리 자신을 드려야 한다. 훗날 우리가 죽게 된 후에는 교회를 위해 아무것도 할 수 없게 된다. 하지만 "장차 오실" 이, "영원토록" 계실 그분이 계속해서 일하실 것이다.

마치는 글

십자가로 돌아가라!

이 책에서 우리는 예수 그리스도의 십자가가 기독교 신앙, 기독교 신자, 기독교 교회에 지니는 중심성과 적실성에 대해 살펴보았다. 우리가 십자가에 달리신 그리스도에 기초하여 하나님에 대해 말할 권리를 위임받았다는 통찰을 근거로 그렇게 한 것이다.

십자가가 '속죄의 이론'이나 '구원론'을 다루는 신학 교과서의 한 부분으로 밀려나는 경우가 많다. 하지만 이것은 결코 받아들일 수 없는 주장이다. 십자가는 그저 기독교 신앙의 일부가 아니라 신학 전체에 그림자를 드리우고 그 형태를 새겨 넣는다. 또 단순한 학문적 신학이 아니라 '하나님에 대한 담화'라는 정당한 의미에서의 신학, 그리스도인이 갖는 실존의 모든 측면을 포괄하는 신학이다.

이런 이유로 여기서는 일부러 '속죄 이론들'에 대한 논의를 피했다. 기독교 교회의 실존과 삶, 교리 전체에서 십자가가 지니는 중요성을 끌어내기 위해서다.

십자가는 그리스도인으로서의 삶을 시작하는 데 있어서 매우 중요하게 여겨지지만, 그 후에는 아무 영향을 발휘하지 못하는 것으로 취급되곤 한다. 하지만 십자가는 기독교적인 삶의 출발점을 확립하는 것에 그치는 것이 아니라 그 삶의 본질과 목적, 그리고 하나님이 이 세상과 우리의 삶에서 임재하시고 활동하시는 방식에 대한 이해를 형성한다. 그리스도인이 되는 것은 예수 그리스도의 십자가 아래에서 살고, 그에 비추어 하나님과 세상과 믿음의 삶을 보는 것이다. 또한 십자가는 교회가 세상 끝날까지 믿음의 비밀을 맡은 자로 남을 수 있도록 맡겨진 기독교 교회의 참된 보물이다.

이 책은 독자들로 하여금 십자가가 자신의 신앙에 지니는 온전한 적실성에 대해 생각해보도록 자극하는 촉매의 역할로 기획되었다. 보석 세공인이 자신이 깎고 다듬은 다이아몬드가 찬란한 광채 속에서 수많은 면이 잘 반사되도록 불빛에 비추고 회전시키는 것처럼, 이 책은 십자가의 여러 측면과 그것이 기독교 신앙에 지닌 적실성을 탐구해보려 했다. 하지만 이 책에서 시험적으로 탐구해본 주제들을 제대로 완벽하게 다루는 것은 도저히 불가능하다.

너무도 분명한 이 책의 단점들은 주제의 부적절함보다는 저자의 부적절함을 반영한다. 다만 이 책을 통해 독자들이 십자가의 신비에 대해 더 성찰하고 그것에 의해 충분히 자극받아 흥분하게-심지어 분노할 정도로-되는 것이 필자의 바람이다.

살바도르 달리의 그림 '십자가의 성 요한의 그리스도'(Christ of St John of the Cross)는 십자가의 관점에서 본 세상에 대한 강력한 묘사다. 이 그림에서 예수 그리스도의 십자가는 세상에 대한 우리의 관점을 지배한다. 세상, 곧 실재를 보려면 십자가로부터, 그리고 십자가를 통해 바라보아야 한다. 그리스도인으로서 우리가 사는 세상을 살펴볼 때 취해야 하는 것이 바로 이런 관점이다. 이 관점으로 우리는 실존을 바라본다. 전경이나 실제에 대한 우리의 견해는 십자가에 달리신 그리스도에 의해 지배된다. 그 너머에 대한 우리의 인식이 바로 그 동일한 십자가에 의해 형성되는 것과 마찬가지다. 다른 모든 신학적 사색이 그저 혼자 하는 섀도복싱-있는 그대로, 혹은 발견되어야 하는 하나님을 만나는 데 실패하는-임을 드러내는 것은 바로 이 구체적인 역사적 사건이다.

  십자가는 하나님의 무너뜨리고 창조하시는 행위다. 그것은 우리의 잘 정리된 신학적 체계 및 종교와 문화에 동화하려는 시도를 저울 위에 올려놓고 그것이 부족하다는 것을 드러낸다. 교회와 신자를 사로잡고, 믿음 안에서의 실존에 대한 우리의 관점을 지배하는 하나님의 활동 유형을 드러내는 것이 바로 이 장면이다. 그러므로 십자가의 신학자가 되는 것은 하나님이 자신을 나타내시기로 하신 장소에서 그분이 정하신 형태-그것은 바로 십자가에 손을 펼친 채 매달려 죽어가는 그리스도다-로 그분께 다가가는 것이다. 그것은 그 십자가의 신비와 씨름하는 것, 그렇게 함으로써 우리가 그 고난과 수치 안에 감춰진 하나님과 씨름하는 것임을 알고, 우리를 치유하기 전에 우리에게 상처를 입힐 지식을 갖는 것이다. 십자가는 궁극적으로 설명을 허용하지 않을 것이다. 하지만 그것은 분명한 반응을 요구한다.

  결국 십자가는 여전히 불가해하고 그리스도인의 삶에 혼란을 야기하는 중심으로 남게 될 것이다. 또한 그것은 우리가 그것을 통해 하나님을 볼 수 있고 또 보아야 하는, 그리고 우리가 절대 그냥 지나칠 수 없는 불투명한 창으로 남을 것이다. '하나님은 누구시며 신성이란 무엇인가?' 또 '우리는 누구이며 인간은 어떤 존재인가?' 이러한 질문들은 자유로운 탐구에 의해 발견되지 않는다. 오직 하나님이 자신을 계시하기로 하신 곳에서 겸손한 자기 비하를 통해서만 배울 수 있다. "믿어 순종"(롬 1:5)하는 것, 그리고 이해와 헌신에 대한 요구는 죽어가는 그리스도가 그분의 십자가에서 우리에게 하신 호소에 근거한다. 하나님에 대한 모든 지식의 시작과 끝은 '신성'이라는 보편적이고 추상적인 개념이 아니라 예수 그리스도라는 특정 인물이자 역사적인 분, 그분이 십자가에서 처형당하신 그곳에 있다. 또한 십자가는 교회가 자신의 신학을 배운 뒤 쉽게 버릴 수 있는 모종의 학습도구가 아니다. 루터가 상기시켜주듯이, 우리는 십자가로 돌아가는 법을 배워야 한다. 거기에서 우리의 신학을 처음부터 다시 배워야 한다.

언젠가 우리 지역의 교구가 개최한 수련회에 참석한 적이 있다. 이 수련회의 일부는 사람들의 성찰 능력을 자극하기 위한 훈련이었다. 우리는 모두 원형으로 앉아 어떤 물체를 한 시간 동안 찬찬히 살펴본 뒤 전체 모임에서 각자가 발견한 것을 보고했다.

그때 우리가 찬찬히 뜯어보아야 했던 물체는 벽돌 한 장이었다. 그것은 특별히 영감을 불러일으키는 벽돌이 아니었다. 우리 중 특별하게 그 벽돌을 찬찬히 뜯어보기 원하는 사람도 없었다. 아름다운 노팅햄셔의 풍경이 열린 창문을 통해 우리를 손짓하며 불렀다. 모두가 그 풍경을 찬찬히 뜯어보기 원했을 것이다!

하지만 우리에게는 선택의 여지가 없었다. 수련회 운영자가 그 자리에서 우리가 지시대로 하는지 확인했다!

기독교 교회도 비슷한 입장이다. 교회는 죽어가는 예수 그리스도 대신 다른 것을 묵상하고 싶을 것이다.

하지만 하나님과 세상에 대한 교회의 생각은 '십자가에 달리시고 감춰지신 하나님'이라는, 도무지 뇌리를 떠나지 않고 마음을 심란하게 하는 그 이미지에 기초해야 한다.

교회는 경이로움과 예배와 찬미와 함께 십자가 아래 모이기 위해 세상으로부터 부르심을 받은 공동체다. 그러므로 바로 이 모습이 교회를 사로잡아야 한다. 교회가 언제 어디서나 자신을 부르신 하나님께 찬미하고 예배하기 위해 모일 때마다 기념하는 것이 바로 이 장면이다. 신자들 간의 관계, 그리고 교회와 세상의 관계를 지배해야 하는 것도 능력과 권위로 가득 찬 이 모델이다. 또한 그리스도인의 삶에 대한 우리의 이해를 조명하고 활기차게 하는 것도 죽음을 통한 생명, 고난을 통한 영광이라는 이 유형이다.

십자가의 신학자가 된다는 것은 우리가 십자가에 달리셨다가 부활하신 그리스도 외의 다른 무엇을 하나님과 우리 자신에 대한 책임 있는 기독교적 논의의 기초로 삼도록 위임받지 않았다는 것을 인식하고, 그 결과 하나님에 대한 놀랍고도 자유케 하는 이해를 크게 기뻐하며 감탄하는 것이다.

연인이 그들의 사랑이 피어난 장소에 대한 기억과 그 사랑이 가지고 있던 원래의 활력과 생기를 되찾기 위해 그곳에 다시 가보는 것처럼,

기독교 교회 역시 십자가의 절망과 부활의 기쁨을 기억하고 기독교 신앙 기저에 있는 경이로움과 흥분을 회복하기 위해 그 신앙의 근원지로 다시 가는 법을 배워야 한다. 그리고 만일 그런 경외감을 상실했다면 다시금 십자가로 돌아가, 거기에서 하나님이 우리를 다루신 이야기를 처음부터 다시 배워야 할 것이다.

잃어버린 인간을 구원하신 하나님의 놀라운 사랑을
마리아처럼 마음속으로 생각해보자.
비천한 구유에서 쓰라린 십자가까지
잃어버린 우리를 되찾으신 그 아기의 발자국을 더듬어보자.
그 후에 우리는 소망하게 될 것이다.
구속받은 자로서 천군천사와 함께 부를 기쁜 승리의 노래를.

– 존 바이럼

사명선언문

너희가 흠이 없고 순전하여……세상에서 그들 가운데 빛들로
나타내며 생명의 말씀을 밝혀 _ 빌 2:15-16

1. 생명을 담겠습니다
만드는 책에 주님 주신 생명을 담겠습니다.
그 책으로 복음을 선포하겠습니다.

2. 말씀을 밝히겠습니다
생명의 근본은 말씀입니다.
말씀을 밝혀 성도와 교회의 성장을 돕겠습니다.

3. 빛이 되겠습니다
시대와 영혼의 어두움을 밝혀 주님 앞으로 이끄는
빛이 되는 책을 만들겠습니다.

4. 순전히 행하겠습니다
책을 만들고 전하는 일과 경영하는 일에 부끄러움이 없는
정직함으로 행하겠습니다.

5. 끝까지 전파하겠습니다
모든 사람에게, 땅 끝까지, 주님 오시는 그날까지
복음을 전하는 사명을 다하겠습니다.

서점 안내

광화문점 서울시 종로구 새문안로 69 구세군회관 1층
02)737-2288 / 02)737-4623(F)

강남점 서울시 서초구 신반포로 177 반포쇼핑타운 3동 2층
02)595-1211 / 02)595-3549(F)

구로점 서울시 동작구 시흥대로 602, 3층 302호
02)858-8744 / 02)838-0653(F)

노원점 서울시 노원구 동일로 1366 삼봉빌딩 지하 1층
02)938-7979 / 02)3391-6169(F)

일산점 경기도 고양시 일산서구 중앙로 1391 레이크타운 지하 1층
031)916-8787 / 031)916-8788(F)

의정부점 경기도 의정부시 청사로47번길 12 성산타워 3층
031)845-0600 / 031)852-6930(F)

인터넷서점 www.lifebook.co.kr